中国名村志文化工程
Culture Project of Local Records of China's Famous Villages
中 国 名 村 志 丛 书

U0953065

安乐寨村志

LOCAL RECORDS OF ANLEZHAI

河南省温县招贤乡安乐寨村志编纂委员会　编

方志出版社
Publishing House of Local Records

图书在版编目（CIP）数据

安乐寨村志 / 河南省温县招贤乡安乐寨村志编纂委员会编. —北京 ：方志出版社，2024.9
（中国名村志丛书）
ISBN 978-7-5144-5712-4

Ⅰ. ①安… Ⅱ. ①河… Ⅲ. ①村史－温县 Ⅳ. ①K296.15

中国国家版本馆CIP数据核字(2024)第021530号

责任编辑：丛珺
责任校对：张玉霞
责任印制：梅中英
出 版 者：方志出版社
地　　址：北京市朝阳区潘家园东里9号（国家方志馆4层）
邮　　编：100021
网　　址：http://www.zgfzcb.cn
发　　行：方志出版社图书营销中心（010-67110500）
印　　刷：北京中科印刷有限公司
开　　本：787毫米×1092毫米　1/16
印　　张：14.75
字　　数：310千字
版　　次：2024年9月第1版
印　　次：2024年9月第1次印刷
定　　价：120.00元

◉ 序一

中共十九大报告明确提出：“坚定文化自信，推动社会主义文化繁荣兴盛。”“没有高度的文化自信，没有文化的繁荣兴盛，就没有中华民族伟大复兴。要坚持中国特色社会主义文化发展道路，激发全民族文化创新创造活力，建设社会主义文化强国。”编修地方志是中华民族千百年来的固有传统，留下了浩如烟海的历史文献，承担着传承中华文明、发掘历史智慧的重任，发挥着存史、育人、资政的作用。

在习近平新时代中国特色社会主义思想指引下，在增强文化自信、推动传统文化创造性转化、创新性发展背景下，全国地方志事业迎来了开拓创新与转型升级的重要机遇期。中国地方志指导小组及其办公室组织实施的中国名村志文化工程，用中国独有的文化载体——地方志，来记录乡村的“名”和“特”，记录乡村全面建成小康社会的进程和取得的成就，是地方志围绕以人民为中心开拓创新的具体举措，是传承乡土文化、坚定文化自信、加快建设社会主义文化强国的内在要求，是服务乡村振兴战略、加快全面建成小康社会、推进社会主义现代化建设、实现中华民族伟大复兴中国梦的应有之义。

实施中国名村志文化工程，是方志人贯彻落实习近平总书记“农村要留得住绿水青山，系得住乡愁”重要讲话精神的重要举措。“望得见山、看得见水、记得住乡愁……”习近平总书记用诗意的语言为中国的新农村建设指明了方向。开展新农村建设、美丽乡村建设，一定要把绿水青山保留下来，尽可能在原有村庄形态上改善农民生活条件，不盲目拆旧，也不盲目造新，让家乡的每一条河、每一棵树、每一口井，都能永远成为我们的乡愁。这是我们弘扬传统、面向未来的底气所在。那么，如何留住乡音、乡风、乡思，继承传统文化菁华，挖掘历史智慧，成为极其重要的工作。实施中国名村志文化工程，保护抢救、传承保存、开发利用宝贵的村落文化，重新唤起人们记忆中古老村落的青山绿水、小河大树、轶事掌故，打造完整记录乡村发展嬗变和现代化农村经济社会运行模式的系列中国名村志丛书，让乡土文化回归并为困惑的当代人提供精神家园，让农耕文化的优秀菁华成为建构农村文明的底色，无疑具有重要的现实意义和深远的历史意义。

实施中国名村志文化工程，是方志人贯彻落实党中央乡村振兴战略的鲜活实践。中共十八大以来，以习近平同志为核心的党中央高度重视农业、农村、农民工作，提出了许多新理念、新思想、新战略，特别是中共十九大报告作出实施乡村振兴战略的重大部署。2018 年 9 月 26 日，中共中央、国务院印发《乡村振兴战略规划（2018—2022 年）》，明确提出“鼓励乡村史志修编”。深入推进中国名村志文化工程，有利于全面翔实记录乡村振兴进程，客观记载地理环境、历史沿革、姓氏源流、人口、民族、方言、民居、宗祠、风俗习惯、家谱族谱、家规族规、宗教信仰、文物遗址、掌故传说、历史事件、人物等，完整保留乡土文化的原貌。所有这些工作，可以为延伸地方志工作触角，充分发挥志书存史、育人、资政功能提供借鉴；可以为社会各界和华人华侨、港澳台同胞寻根问祖、反哺桑梓、泽被乡里提供帮助。依托中国名村志文化工程的重要平台与载体，乡村振兴战略下的现代乡村将进一步挖掘自身独特内涵，彰显其新时代的作用及意义。

中国名村志文化工程从新时代中国特色社会主义的新需求出发，创新体例，立足实际，内容既严谨又通俗，展示了不同地区自然和社会风貌，在坚持志体基础上运用专题报告、回忆录、人物访谈、新闻资料等多种手法，重点介绍农村地区在转型发展方面的探索、示范、引领意义，对于不断提高地方志事业围绕中心服务大局的能力，为乡村改革发展贡献历史智慧，讲好中国故事，彰显中国软实力，增强“四个自信”等方面具有积极意义。

两年来，在借鉴中国名镇志丛书及各地乡镇（村）志宝贵编纂经验的基础上，中国名村志丛书编修不断取得丰硕成果，产生了良好的社会效益，新一批中国名村志的申报数量、覆盖范围延续强劲增长态势，充分体现出强大的内生动力。下一步，要总结经验、把握规律，为服务国家城镇化建设和乡村振兴战略打造更多优秀文明成果，推动中华优秀传统文化创造性转化和创新性发展，从中提炼出适合新时代、新形势、新变化、新要求的文化精髓，展现中国方志的当代价值和世界意义。

是为序。

中国社会科学院原院长
原中国地方志指导小组组长　谢伏瞻

◉序二

连绵不断地编修地方志是中国独有的优秀文化传统，承担着赓续文明、传承文化的重任。保存至今的8000余种、10万余卷历代方志，蕴含着传统文化基因和海量文化信息，既是中华优秀传统文化的重要组成部分，又是传承、彰显中华优秀传统文化的重要载体。

在各种类型的地方志编纂中，村志编纂古已有之，但从未进入国家层面的地方志编纂序列。新中国成立以来，党中央、国务院高度重视包括村志编纂在内的地方志工作，出台了重要文件。中央领导发表了重要讲话、作出了重要批示。习近平总书记高度重视包括村志编纂在内的地方志工作。2004年10月，他在担任浙江省委书记时到江山市凤林镇白沙村考察，看到村民编纂的《白沙村志》，鼓励村民把村志继续编纂下去。2014年4月，副总理刘延东在与第五次全国地方志工作会议部分会议代表座谈时指出："要结合发展的新形势，加强对地方志包括部门志、行业志、专题志、乡镇村志编纂的业务指导和服务。"2015年8月，国务院办公厅印发的《全国地方志事业发展规划纲要(2015—2020年)》，正式将中国名村志文化工程列为主要任务之一。2017年5月，中共中央办公厅、国务院办公厅印发的《国家"十三五"时期文化发展改革规划纲要》指出："完成省、市、县三级地方志书出版工作。开展旧志整理和部分有条件的镇志、村志编纂。"可以说，村志编纂迎来了历史上的最好时期。

农业、农村、农民"三农"问题，是数千年来影响中国社会发展最核心的问题。中共中央高度重视"三农"工作，从2004年起，连续13年，每年的中央1号文件都聚焦"三农"。中共十九大报告更是提出"农业农村农民问题是关系国计民生的根本性问题，必须始终把解决好'三农'问题作为全党工作重中之重"，特别是提出了"乡村振兴战略"，这是中国共产党在中国特色社会主义进入新时代后，对农村发展问题所做出的准确把握和与时俱进的战略应对，是建设中国特色社会主义强国战略的重要组成部分。改革开放近 40 年来，在党中央、国务院高度重视社会主义新农村建设的新形势下，各地涌现出一大批历史文化名村、经济强村、新农村建设示范（试点）村、美丽乡村和特色村，成为先进生产力和先进文化的代表。客观记录中国农村全面建成小康社会的进程，向后人展示在中国共产党领导下农村千年未有的巨变，是地方志工作者肩负的光荣而重大的历史使命。编纂中国名村志丛书，是记载当代中国农村发展变革的重要途径。

文化寻根，寻的是其发展的源头和根基。村落是中国传统文化的根基所在。农村的生产生活方式、社会规范、宗族文化、宗教文化、民风习俗、传统节日、民间艺术等，无不镌刻着中国人独特的民族性格，这就是家国情怀、文脉绵延、精神归属。在快速城镇化进程的冲击和开发性破坏下，大量传统村落面临消亡的危机，村落蕴含的历史文化信息也流失殆尽，抢救性保护刻不容缓。编纂中国名村志丛书，是保存村落历史文化信息，抢救、保护村落文化最好的方式。

一方水土养一方人。家乡的山水草木、村间小巷、乡俗民情会在每个人心头留下深刻的烙印，这就是故土情结。而村落的形成与发展离不开人的活动。编纂中国名村志丛书，通过记述村落建筑、名门望族来追溯村落的历史；通过记述村落规模、布局、人口、物产等反映人口来源、宗族兴衰、生活习惯、文化背景、宗教信仰、经济发展等，体现环境与人相互影响、相互作用、相互发展的既矛盾又统一的关系；通过记述戏剧、音乐、舞蹈、美术、文学、手工技艺等文化形式，展示百姓在长期的生产生活实践中摸索和总结出的智慧结晶，强化人们沟通感情的纽带。编纂中国名村志丛书，是传承乡俗、诉说乡音、记住乡愁、纾解乡思，激活历史传统、唤起共同文化记忆、塑造共同心灵认同的重要文化工程。

中国名村志文化工程以践行文化自信、传承中华文脉、彰显时代发展为己任，以打造全国地方志系统的重要品牌为目标，在体裁运用、篇目设置、资料选择等方面进行大量的创新，突出“名”和“特”，拣选各个名村中最值得记述、最具有代表性的人、事、物，予以浓墨重彩的描画，从而形成系列的、高质量的、可读性强、雅俗共赏的地方志读本，让地方志紧接地气、贴近百姓，让地方志成果进入寻常百姓家，让人民群众共享地方志成果，让越来越多的人从地方志中感知传统、历史和记忆，成为传统村落和传统文化的守护者，成为中华优秀文化的传承者。

是为序。

中国社会科学院原院长
原中国地方志指导小组组长

◉ 序三

习近平总书记指出："让居民望得见山，看得见水，记得住乡愁。"这句富有诗意的重要论述不仅唤醒了中国人城镇化建设过程中对于人和自然关系、人和历史关系的思考，同时也引发了学界对"乡愁"进一步进行文化意义解读的兴趣。从本质上看，乡愁是一种源自主体体验的情感，隐含了一种人们带着乡愁追寻自我生存与生命意义、追寻诗意栖居的精神家园的美学思辨。同时，这种追寻自我生存的主体逐渐转向大众群体，乡愁也由传统单一的"文化乡愁""爱国情怀"演变为对于"理想家园"的精神追求。

中国有近60万个村庄，约有5000个古村落，被住房和城乡建设部、国家文物局界定的传统村落就有1561个。随着中国城镇化步伐的加快，乡村的版图日渐凋敝，大批农村青壮年劳动力走进城镇，融入了新的生活。然而，每逢传统佳节，那种挥之不去的离愁别绪挟裹着亿万农民工，又融入了返乡的滚滚洪流。这是乡愁的情愫牵动着他们，是故乡的山、故乡的水、故乡的老屋、故乡的小吃在牵动着他们，是故乡家家户户的楹联和口口相传的故事，以及只有在隆重的传统佳节才有的古老的民风习俗在牵动着他们。

文化可以体现一个民族、一个国家、一个社会的重量与体温，这是文化的力量之所在，而村落是传统中国的根脉所系，乡土社会是最能够体现中国传统文化特征的地方。梁漱溟曾指出："中国文化是以乡村为本，以乡村为重，所以中国文化的根就是乡村。"我曾在《建设社会主义新农村的理论与实践》一书中指出，在新农村建设的过程中，必须"保护和发展有地方和民族特色的优秀传统文化，创新农村文化生活的载体和手段，满足农民群众多层次、多方面的精神文化需求"，而编纂村志尤其是实施中国名村志文化工程就是一个重要举措。实施中国名村志文化工程，编纂中国名村志丛书，以最基层的村落为研究对象，寻根传统村落的历史，梳理村落的发展脉络，以唤起人们的归属感和认同感，探索新型城镇化和社会主义新农村建设过程中，如何留住乡音、乡风、乡思，继承传统文化精华，挖掘丰富历史智慧，是贯彻落实中央城镇化工作会议精神和中共十九大提出的"乡村振兴战略"的重要举措，是当前和今后一个时期全国地方志工作者的重要工作。

虽然村落文化正在日益远离当下生活，但我们可以抓住诸如基本村情、文物胜迹、古村保护、特色文化、旅游名胜、村域经济、风土民情、村民生活、新农村建设、艺文杂记、名人与名村等关键内容，通过志书的手法来诠释乡村文化的精华。我们如实记录着村落里的人和事，以及青山绿水、小河大树、袅袅炊烟，力争以最完整、最原真的方式呈现村落的前世今生。我们要为“迷失”的人留住乡村文化的根脉，让人们难以割舍的乡愁得以慰藉和释放。

中国名村志文化工程将触角伸向那些极具代表性的村落，它们有的历史悠久、名人辈出，有的经济腾飞、重获新生，有的风景秀丽、景观独特，有的地处边陲、神秘莫测……我们挖掘中国不同类型村落的发展之路，为探索新型城镇化和社会主义新农村建设的发展经验、发展模式、前进道路提供历史智慧和现实借鉴。因此，打造以重在表现乡村嬗变为主旨的中国名村志丛书十分必要和迫切，这是一项功在当代、利在千秋的文化工程。

近年来，随着中国经济社会的发展和国际地位的提高，越来越多的人想要认识中国、了解中国、研究中国。在这样的形势下，乡村是不可或缺的一环，我们要集中讲好发生在乡村的故事，向世界呈现一个多元的、立体的中国。乡村历经岁月变迁的风雨，见证着改革开放的步伐，寄托着数代中国人的情感。发生在乡村的故事无疑是血肉丰满的、震撼人心的、引起共鸣的。我们应该有这个自信能够讲好乡村故事，讲好中国故事，描绘出中国的底色，“让每一个中国人都能在地方志中找到自己的位置”。

可喜的是，越来越多的有识之士认识到了这一点，加入到保护、传承、发展村落文化的队伍中来。仅就编纂中国名村志丛书来看，第一批的申报范围就涵盖包括香港特别行政区在内的 32 个地区，申报数量高达 70 余部。“直笔著信史，彰善引风气，为当代提供资政辅治之参考，为后世留下堪存堪鉴之记述”，这是我们的初心和使命。希望中国名村志文化工程的实施，能够带动更多的人关注中国乡村文化，为社会主义文化强国建设作出更大的贡献。也希望越来越多的名村都来融入继承中华文化传统、颂扬中华传统文化的活动中，让正能量更多地润泽温暖人们的心灵，让更多的人“记得住乡愁”！

是为序。

中国社会科学院原副院长
原中国地方志指导小组常务副组长

◉ 河南省温县招贤乡安乐寨村志编纂委员会

主　任　杨成祖

副主任　王玮哲　王东祥　王保国　杨明军　王恒义

◉ 河南省温县招贤乡安乐寨村志编辑部

统筹策划　高东海　付小文　买占营　赵文会　董素清　段力炜

主　　编　董素清　郭增磊　王梦醒

副 主 编　段力炜　刘　瑞　郭新玲　李雪芹

编　　辑　王建邦　王梦周（招贤乡中学）王应植　杨洪振

摄　　影　武卫峰

◉《中国名村志丛书·安乐寨村志》审稿单位

中共河南省委党史和地方史志研究室

中共焦作市委党史和地方史志研究室

中共温县县委党史和地方史志研究室

◉中国名村志丛书凡例

一、以马克思列宁主义、毛泽东思想、邓小平理论、“三个代表”重要思想、科学发展观、习近平新时代中国特色社会主义思想为指导，坚持辩证唯物主义和历史唯物主义的立场、观点和方法，存真求实，全面、客观、系统记述中国名村村落发展变化进程和改革开放成果，反映小康社会建设过程，传承和抢救乡土历史文化，激发爱国爱乡情怀，留住乡愁，为服务乡村振兴战略提供历史智慧和现实借鉴。

二、为全面反映入志事物发展脉络，各志上限尽量追溯至事物发端，下限一般断至各志启动编修年份，个别重大事项可延至搁笔。详今明古，着重反映时代特色和地方特点，重点体现各村的“名”与“特”。

三、记述地域范围以下限年份的行政辖区为主。为体现名村在更大区域内的意义，可以从更开阔的区域视野记述与该村相关的内容。

四、统一采用纲目体，设类目、分目、条目三个层次。横排门类，纵述史实，述而不论。

五、综合运用述、记、志、传、图、表、录等体裁，以志体为主。体裁运用适当创新，篇目设置不求面面俱到。

六、除引用文字和附录文献资料外，统一使用规范的现代语体文记述，文字朴实、严谨、简洁、流畅、优美，可读性强。

七、人物部类遵循“生不立传”原则，人物传主按生年排序，只选录对本村发展有重大影响的人物，不面面俱到。

八、各项数据一般采用国家统计部门数据。数据缺乏的，采用主管部门或主办单位正式提供的数据。

九、数字用法、标点符号用法分别采用国家标准《出版物上数字用法》（GB / T 15835—2011）、《标点符号用法》（GB / T 15834—2011），计量单位采用国家技术监督局 1993 年 12 月发布的《量和单位》系列国家标准。历史上使用的计量单位，如斗、石、里、尺、磅、华氏度等，在引文时可照录。考虑到社会使用习惯，全书中亩不统一换算。

十、中华民国成立前的纪年，使用朝代年号纪年，括注公元年份；中华民国成立后的纪年，均使用公元纪年。志中所称“解放前（后）”，以该村解放日为界；“新中国成立前（后）”，以中华人民共和国成立日 1949 年 10 月 1 日为界；“改革开放前（后）”，以 1978 年 12 月中共十一届三中全会召开为界。本志“×× 年代”，凡未加世纪者，均指 20 世纪。

十一、为节省篇幅，避免重复，本志采用条目互见法。参见条目的表示形式为：参见本志“×× 类目 · ×× 分目 · ×× 条目”。

十二、对旧志、古籍中的繁体字、冷僻字一般用简化字或通用字替换，易引起误解的则保留。

十三、记述各个历史时期的党派、机构、职务、地名等，均以当时的名称为准。对频繁使用的名称，首次用全称并括注简称，其后用简称。

十四、各村志需要单独说明的事项，均在各自编后记中记述。

安乐寨村在中国的位置

安乐寨村
温县
郑州
河南省
北京
天津
石家庄
太原
济南
呼和浩特
哈尔滨
长春
沈阳
乌鲁木齐
银川
西宁
兰州
西安
南京
上海
合肥
武汉
杭州
成都
重庆
长沙
南昌
拉萨
贵阳
昆明
福州
台北
南宁
广州
香港
澳门
海口
黑龙江省
吉林省
辽宁省
内蒙古自治区
河北省
北京市
天津市
山西省
山东省
新疆维吾尔自治区
甘肃省
宁夏回族自治区
青海省
陕西省
西藏自治区
四川省
重庆市
湖北省
安徽省
江苏省
上海市
浙江省
江西省
湖南省
贵州省
福建省
台湾省
云南省
广西壮族自治区
广东省
香港
澳门
海南省
黄河
长江
渤海
黄海
东海
南海
钓鱼岛
赤尾屿
台湾岛
东沙群岛
海南岛
西沙群岛
永兴岛
中沙群岛
黄岩岛
南沙群岛
曾母暗沙
图例
北京 首都
天津 省级行政中心
未定 国界
省、自治区、直辖市界
特别行政区界
名村所在县级区域
名村
1∶32 000 000
审图号：GS京（2023）2378号

安乐寨村在河南省的位置

安乐寨村域平面图

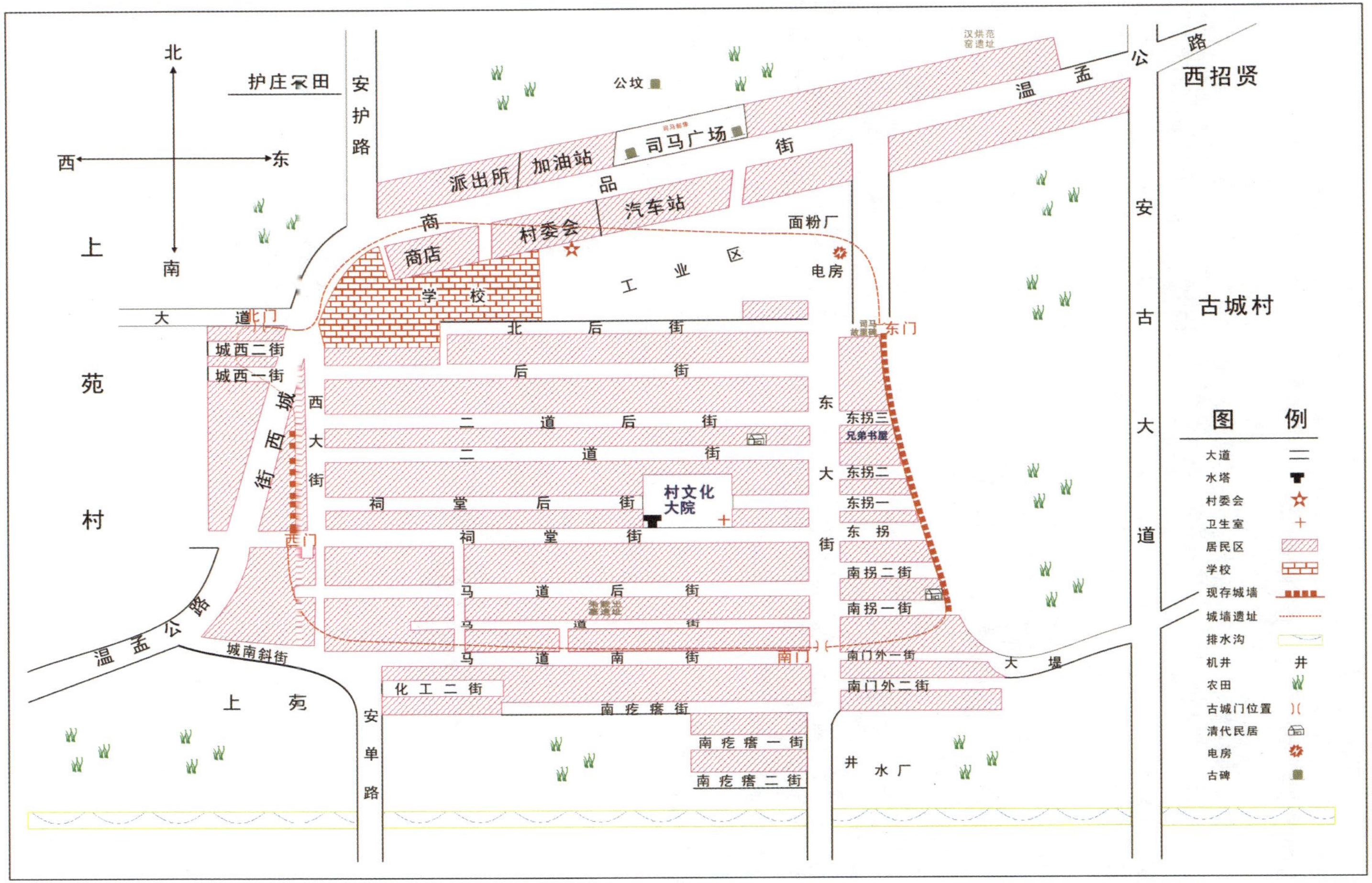

北
南
西
东
护庄冢田
安护路
上苑村
派出所
加油站
司马广场
公坟
汉烘范窑遗址
温孟公路
西招贤
商品街
汽车站
村委会
商店
学校
工业区
面粉厂
电房
大道
北门
城西二街
城西一街
西城街
西大街
北后街
后街
二道后街
二道街
祠堂后街
祠堂街
村文化大院
马道后街
马道南街
西门
南门
东门
东大街
东拐三
兄弟书屋
东拐二
东拐一
东拐
南拐二街
南拐一街
南门外一街
南门外二街
大堤
城南斜街
化工二街
南疙瘩街
南疙瘩一街
南疙瘩二街
上苑
安单路
井水厂
安古大道
古城村
图例
大道
水塔
村委会
卫生室
居民区
学校
现存城墙
城墙遗址
排水沟
机井
农田
古城门位置
清代民居
电房
古碑

安乐寨村全景图（2020 年）

武卫峰　摄

安乐寨村南的黄河湿地（2017 年）

武卫峰　摄

安乐寨村位于河洛汇流处西 10 千米处的黄河北岸（2012 年）

武卫锋　摄

收获铁棍山药（2018 年）　　　　武卫峰　摄

安乐寨村口（2020 年）

经过安乐寨村的 021 县道（2019 年）

◉目录

1 司马故里安乐寨

9 基本村情

11 **村落建置**

11 地理位置

11 地名由来

11 历史沿革

16 **自然地理**

16 地质地貌

16 气候物候

16 水文水系

20 自然资源

21 **人口姓氏**

21 源流迁徙

22 人口构成　民族构成

22 家庭构成

23 姓氏构成

27 **村域经济**

27 经济总量

28 发展概况

38 **社会发展**

38 党建引领

44 社会事业

51 精神文明

53 **乡村建设**

53 基础设施

55 道路

58 住房建设

59 环境卫生

61 司马氏故里

63 **司马氏与安乐宫**
63 司马懿首建安乐宫
63 司马昭扩建安乐宫
64 **司马家族**
64 司马卬
64 司马防
64 司马懿
65 司马昭
65 司马炎
65 司马睿
66 **司马氏遗迹**
66 虢公台遗址
67 司马氏祖茔
68 古晋城遗址
70 **挖掘与整理**
70 司马懿广场
71 司马故里展览馆
74 温县司马懿研究会

75 文物胜迹

77 **遗址**
77 汉代烘范窑遗址
77 司马故里旧址
80 **庙宇宗祠**
80 天爷庙
80 坨坞王氏宗祠
81 杨家庙
82 **传统民居**
83 传统民居一号院
83 传统民居二号院
85 传统民居三号院
86 传统民居四号院
87 传统民居五号院
87 传统民居六号院
88 传统民居七号院
88 传统民居八号院
88 传统民居九号院
88 **古树名木**
88 公坟柿树
88 杨洪振家枣树
89 杨振东家椿树
89 村委会院内榆树
89 杨云飞家榆树
89 百年皂角树
90 杨世甲门前椿树
90 杨碾故居栾树
91 北城墙榆树

91 兄弟书屋香椿树

93 特色文化

95 **文艺**
95 戏曲
96 怀庆大鼓书
96 书画艺术
97 **文化场所**
97 兄弟书屋
101 安乐寨村史馆
102 杨碾旧居
104 **非物质文化遗产**
104 司马懿传说
112 司马懿得胜鼓
116 杨四将军传说
121 **碑刻**
121 明郑藩宗室镇国将军五乐暨夫人丘氏合葬墓志碑
122 本府太老爷傅公生祠碑
122 杨将军祠碑
125 重修安乐寨碑
125 敕封镇东侯杨家庙碑
125 敕封管理河神杨将军祠碑
125 民国总统府顾问王文郁碑
126 **匾额**
126 “外翰林”匾额
126 “劳劬莫名”匾额
126 “忠烈千秋”匾额
126 “德芘桑梓”匾额
127 “柳下共荫”匾额
127 “松鹤同春”匾额
127 “贡员”匾额
127 “後世不忘”匾额
127 “德隆望重”匾额
127 “德重泽宽”匾额
127 “文魁”匾额
127 “明镜高悬”匾额
127 “惠我无疆”匾额
127 “佛手仁心”匾额

129 风土民情

131 **美食小吃**
131 豆沫
132 糊涂凉粉
132 碾馔
133 菜馔
134 **土特名产**
134 怀山药

135 怀地黄
137 怀牛膝
139 怀菊花
140 **岁时节俗**
140 春节
141 元宵节
141 清明节
142 端午节
142 中秋节
143 冬至
143 腊八
144 祭灶
144 **礼仪民俗**
144 婚嫁
146 寿诞
147 丧葬
149 礼仪
150 **传统风俗**
150 尊祖敬老
151 耕读传家
152 **庙会集场**
154 **方言俗语**
154 方言
155 俗语
158 歇后语
159 **歌谣**

161 村民生活

163 **村民收支**
163 收入
165 支出
167 共同富裕
168 **衣食住行**
168 服饰
168 食品
169 住房
170 出行
171 家具家电
174 **社会保障**
174 合作医疗
174 养老保险
176 生活补贴

179 人物

181 **人物传略**
181 杨碾
181 杨士俊
181 王文郁

182 王文简
182 王文涛
182 王培仁
182 杨益鸿
183 杨文江
183 王崇道
183 杨化山
183 杨医亚
184 霍永富
184 王朝义
185 王梦恕
186 **人物表**

189 大事纪略

191 **三国时期司马懿建安乐宫**
191 **三国末年司马炎称帝建晋朝**
191 **晋代成为温县治所**
191 **明代山西移民定居安乐寨**
192 **明代入选“苏封八景”**
192 **1985 年创建温县卷闸厂**
192 **2008 年开办兄弟书屋**

195 附录

197 **文献辑录**
200 **艺文**

202 主要参考文献

203 编后记

安乐寨村南的黄河（2010 年）

司马故里安乐寨

安乐寨村，位于河南温县招贤乡西部，古代“四渎”（江、淮、河、济）中的河（黄河）、济（济水）从村域流过。村庄为魏晋时期司马氏故里、司马氏家族的发祥地。三国时期，司马懿在此修建安乐宫，司马昭在此修建晋城，此地成为晋王朝的龙兴之地，显赫一时。晋代为温县治所，成为县域的政治、经济、文化中心。随着晋王朝的衰落，安乐宫逐渐归于沉寂，在明代演变为安乐寨村。因村域历史悠久、文化底蕴深厚，自然环境优美，安乐寨村先后被评为“河南省民间艺术之乡”“河南省首批传统村落”“省级生态村”“省级文化特色村”。

一

安乐寨村，位于河南省焦作市温县西南部的招贤乡西部，地处焦作市温县、孟州市交界地带，东距温县县城 13 千米，村域面积约 2.5 平方千米。村庄位于清风岭上，西高东低，可俯视周边村落。

安乐寨村地处黄河北岸，属暖温带大陆性季风气候，春夏秋冬四季分明，全年平均气温为 15℃。古代“四渎”（江、淮、河、济）中的河（黄河）流经村域南部，济（济水，又称沇水）流经村域西部。土地肥沃，地下水资源较为丰富。安乐寨村有耕地 2100 亩，其中有黄河滩地 630 亩，占耕地总面积的 30%。粮食作物以小麦、玉米为主，兼种高粱、大豆、谷子、红薯等。经济作物为棉花、花生，以及四大怀药，即怀山药、怀地黄、怀牛膝、怀菊花。

安乐寨村北部紧邻新（新乡）洛（洛阳）公路，中部有温（温县）孟（孟县）公路穿村而过，省内长途班车东达新乡，西至洛阳，南到郑州，北通焦作。此外还有县域公交车经过，交通便利。安乐寨村的美食小吃有豆沫、小笼包子、糊涂凉粉等。生活习惯、传统民俗、民间礼仪及方言也独具特色。

2020 年，安乐寨村有 7 个居民组，人口 2040 余人，其中男性 1050 余人，女性 990 余人，以汉族为主。有 24 个姓氏，以王姓、杨姓为主要姓氏，占全村总人口的 83%。

二

秦朝末年，起义军将领司马印率军伐秦，攻占朝歌、河内（现温县、孟州、沁阳、修武等地）。秦朝灭亡后，司马印被楚霸王项羽封为殷王，封地在河内。司马印举家迁至河内，其后人分布在河内郡的温县等地。

清风岭（2011 年）

三国时期，魏青龙三年（235），司马卬的第十三世孙司马懿任太尉，领王爵。司马懿在故乡大兴土木，修建宫殿，名曰“安乐宫”。魏咸熙元年（264），司马懿的次子司马昭被封为晋王。司马昭以安乐宫为中心，修筑王城，称“晋城”。魏咸熙二年（265），司马昭之子司马炎称帝，建立晋，都洛阳，安乐宫一带作为龙兴之地，声名远播。温县的县治迁至安乐宫一带，成为温县的政治、经济、文化中心。

西晋末年，大部分司马氏族人南迁至江南，安乐宫一带司马氏逐渐减少。但安乐宫一带作为温县县治仍是温县的行政中心，长期繁荣。东魏时期，温县治所迁往他处，安乐宫一带逐渐沦落为普通的村庄。

元末，因战乱频繁，加之水患不断，村中仅有几十人。明初，王姓、杨姓等多个姓氏的百姓从山西洪洞县移民河南。几经辗转，最终来到安乐宫旧址处定居，使当地日渐繁盛。明崇祯年间，村民在原安乐宫周边修建寨墙，村名始称安乐寨。

安乐寨村的司马懿雕像（2011 年）

安乐寨村历史悠久，遗存甚多，是黄河沿岸有名的历史文化名村。村庄一带有虢公台遗址、汉代烘范窑遗址、古晋城遗址等，村中保存有清代、民国时期传统民居 36 处，其中 9 处为省级文物保护单位。此外，还有司马故里旧址碑、大清重修安乐寨碑、敕封管理河神杨将军祠碑、敕封镇东侯杨家庙碑、明代郑藩宗室镇国将军五乐暨夫人丘氏合葬墓志碑等多个具有文化价值、考古价值的古碑。有清代、民国时期名人功德匾 11 块。

作为司马懿故里，安乐寨村既是晋王朝统治者的发祥地，也是晋文化的发源地，在中国历史文化中具有重要的地位。安乐寨村对司马氏文化进行深入挖掘、研究、整理，成立司马懿研究会，兴建司马懿广场、司马故里展览馆，并把“司马懿得胜鼓”“司马懿传说”成功申报为河南省非物质文化遗产代表性项目。2008年，安乐寨村被河南省人民政府命名为司马故里旧址。

三

历史上，安乐寨村长期以农业生产为主。中华人民共和国成立前，土地为私有制，多数耕地集中在地主、富农手里。贫苦农民只有少量耕地，生活极度贫寒。1950年进行土地改革，广大贫苦农民分到土地，生产、生活水平开始改善。相继成立互助组、初级农业生产合作社、高级农业生产合作社、人民公社，改变过去单一的生产方式，农业、林业、畜牧业共同发展。改革开放后，实行联产承包责任制，进一步调动村民的生产积极性。由于灌溉条件的改善、农业机械化的发展和普及以及各项惠民政策的落实，粮食的亩产量、总产量逐年提高。1991年，村小麦亩产达450余千克，玉米亩产达500余千克，村民的温饱问题得到彻底解决。通过农业种植结构调整，改变过去单一的粮食种植，逐步扩大经济作物种植面积，实现农业增效、农民增收，村民的生活水平大幅提高。中共十八大以来，安乐寨村土地实行流转，解放土地对劳动力的束缚。90%以上的土地由种粮大户进行规模化经营，小麦亩产量达600余千克，玉米亩产达650余千克。

拖拉机耕地（2020年）

安乐寨村的工商业，经历从无到有、从小到大的发展过程。中华人民共和国成立初期，全村只有几家个体小作坊、小商户，经营模式为小门店、小加工作坊。规模小，利润低，勉强维持生计。人民公社时期，安乐寨大队及所属各生产队的集体工商业兴起，先后创办木材加工厂、小型砖瓦厂、农产品加工厂等。改革开放后，村组企业蓬勃发展，先后创建锅炉修造厂、玉米淀粉厂、制床厂、板材厂、针织厂、螺钉厂等，兴盛一时。1995 年后，集体企业在经营管理、技术等方面不再适应形势发展，弊端日趋明显，经济效益开始下滑，村组集体企业相继进行改制，个体企业则如雨后春笋般迅速发展。2020 年，安乐寨村有个体经济实体 57 家，从业人员 1000 余人。特别是卷闸门系列产业实体发展到 10 余家，成为安乐寨村的一大支柱产业。安乐寨村人均收入达到 2.6 万余元。

四

安乐寨村文化底蕴深厚，崇文重教，历代均重视教育。明清时期，村里有私塾，培养出清代进士、翰林院待诏杨联光，恩贡翰林学士杨碾，举人王命三、王景棠、杨恒毓、王朝璧，以及岁贡王文焕、王文郁等。

民国时期，村里建有杨氏小学、女子小学、二等小学堂。多位学子考中高等学府，成为知名人士。

中华人民共和国成立后，安乐寨村学校因教学质量高，生源优秀，在十里八村极具知名度。1992 年，村民筹资百万元，建成轰动整个温县的高标准现代化学校。新校区占地 14674 平方米，建筑面积 2160 平方米。1992 年 9 月 8 日至 9 日，国家教委、财政部、国家计委在郑州召开全国筹措教育经费改善办学条件河南现场会期间，国家教委以及各省、自治区、直辖市主管教育的领导曾专程到安乐寨学校参观、学习。河南省教委勒石立碑予以嘉奖，村籍名人王梦奎为集资建校撰写碑文。

村中尊师重教之风盛行，中华人民共和国成立后，从安乐寨走出的大中专学生高达 350 人，其中有北京大学、清华大学等全国重点大学的学生 10 人，硕士研究生、博士研究生 40 余人，有县处级以上领导干部 40 余人。代表人物有国务院发展研究中心主任王梦奎，中国工程院院士、隧道及地下工程专家王梦恕，河北中医学院教授杨医亚，国防战线控导专家杨文升，河南省政府副秘书长王梦飞。他们是安乐寨人的光荣和骄傲，也是激励后人奋发向上的强大动力。

2008 年 4 月 5 日，由村籍名人、著名经济学家王梦奎与他的长兄、焦作大学教授王梦周，以及他的堂弟中国工程院院士王梦恕捐建的兄弟书屋，正式建成开放。前来读书、参观者日益增多，成为村中新的文化名地。截至 2020 年，前来读书、参观者达 7 万人次，前来接受党史、家风家教及廉政教育达 10 万人次。兄弟书屋成为温县青少年红色教育基地，焦作市廉洁从家出发教育基地，河南省文物保护单位，河南省家风家教示范基地，第八届全国服务农民、服务基层文化建设先进集体。

五

安乐寨村党组织、村级行政组织成立于抗日战争时期，在抗日战争、解放战争中，为安乐寨村的解放做出贡献。中华人民共和国成立后，在合作化初期、人民公社时期，以及改革开放以来，村党支部、村委会（大队）始终以党建为引领，带领广大村民坚定不移地执行党的各项路线方针政策，高质量地完成上级党组织交给的各项任务，为安乐寨村的发展、稳定做出重大贡献，使安乐寨村民风淳朴、家庭和睦、经济繁荣，新农村建设蓬勃发展。

1990 年以来，安乐寨村党支部曾获得河南省、焦作市、温县“先进党支部”“五好党支部”“五星级基层党组织”“十佳先进基层党组织”等荣誉。安乐寨村 1986 年被国家计划生育委员会授予“全国计划生育先进单位”称号，1993 年 4 月被中共焦作市委、市人民政府命名为“小康村”，2003 年被河南省文化厅授予“河南省民间艺术之乡”称号，2013 年入选“河南省首批传统村落名录”，2018 年被河南省环保厅确定为“省级生态村”、被河南省文化和旅游厅确定为省级“文化特色村”。

安乐寨村获得的奖牌（2007 年）

安乐寨村民在郑州表演文艺节目（1988 年）

安乐寨村街景（2020 年）

基本村情

安乐寨村，北依清风岭，南临黄河，西邻济水，属于黄沁河冲积平原，地势平坦，土地肥沃，适合农业生产。村域属于暖温带大陆性季风气候，动植物资源丰富。改革开放以来，安乐寨村在发展农业生产的基础上，大力发展乡镇企业，创办海绵厂、安乐板材厂、温县卷闸厂、安乐淀粉厂、安乐席梦思床厂等，促使村域经济得到大发展。安乐寨村在文化、教育、精神文明建设等方面也成绩显著。

◉ 村落建置

地理位置　安乐寨村位于河南省温县西南部招贤乡的清风岭上，地处温县、孟县交界地带。总面积 2.5 平方千米。安乐寨村北依清风岭，南临黄河，西临济水，东距温县县城 13 千米。

安乐寨村北部有新（新乡）洛（洛阳）公路，中部有温孟（温县至孟州）公路穿村而过。从村内经过的客运班车东达新乡，西至洛阳，南到郑州，北通焦作。此外，温县到安乐寨村一带有公交车经过，便于村民出行。

地名由来　秦朝末年，起义军将领司马卬率领军队攻打秦国，一度攻占朝歌、河内（现温县、孟州、沁阳、修武等地），歼灭大量秦军。秦朝灭亡后，因战功卓著，司马卬被楚霸王项羽封为殷王，封地在河内，都城在朝歌，司马卬遂举家迁至河内居住。汉代，司马卬的后人多分布在河内郡的温县一带，其中一支在温县孝敬里居住，该支出现司马懿、司马昭等名人。

三国时期，魏明帝青龙三年（235），司马懿升任太尉，在故乡孝敬里大兴土木，修建安乐宫。后来，司马懿次子司马昭被封为晋王。司马昭以安乐宫为中心，修建城池，作为其王城（因司马昭为晋王，此城又称晋城）。于是，司马氏后人多在晋城居住。

西晋末年，北方的胡人大举南侵，司马氏的大部分后人开始迁往江南。隋唐时期，安乐宫一带逐渐沦为普通的村庄。元代，村中有霍姓、韦姓、徐姓。

明代，官府号令山西大移民，多个姓氏从山西洪洞县出发，几经辗转，最后来到安乐宫旧址处定居，与原来的霍姓、韦姓、徐姓和睦相处，经过多年的发展，村庄逐渐繁荣。明崇祯十年（1637），明政府军和农民起义军在河南一带多次交战，为免遭兵燹，村民在村庄周围修建寨墙。因寨墙在原安乐宫旧址处，村庄遂被称为安乐寨。

历史沿革　西周初年，武王姬发将温、原等 12 邑赐给大司寇苏忿生。苏忿生在清风岭建温城（城址在现上苑村、安乐寨村一带），现安乐寨村一带属于温城。

东周襄王十七年（前 635），周将温赐晋，晋设温县。安乐寨村属于温县。

秦始皇二十七年（前 220），废温县，原温县划归三川郡河雍县（治所在现孟州市西南）。安乐寨村属于河雍县。

汉高帝二年（前 205）三月，刘邦平定河内，置温县，治所在苏忿生所建的古温城。

黄河岸边景色（2015 年）

安乐寨村属于温县。

西晋时期，温县治所迁至晋城（现安乐寨村），安乐寨村成为温县的政治、经济、文化中心。

南北朝时期，东魏天平三年（536），温县治所搬离晋城，向东移约 35 千米（现武陟县温村）。

南北朝时期，北齐天保七年（556），废温县，设立州县，安乐寨村属州县。

隋开皇十六年（596），复置温县，安乐寨村属温县。

唐武德四年（621），温县改名李城县。安乐寨村属李城县。

唐武德八年（625），李城县复名温县。安乐寨村属温县。

明初，温县设太平乡、礼仪乡、安仁乡、温邑乡 4 乡。安乐寨村、上苑村、招贤村、

护驾庄、坨坞村属于温邑乡。

明万历年间，温县安仁乡改名为兴起乡，温邑乡改名为温泉乡，安乐寨村属于温泉乡。

清初，安乐寨村、护驾庄（后来简称护庄）、上苑村划归温县兴起乡。小营村、坨坞村划归温泉乡。

清康熙十二年（1673），温县所属乡村进行调整。温泉乡更名为温邑乡，其他乡名称不变，各乡下设里、甲。安乐寨村属于兴起乡三里九甲。

清宣统元年（1909），温县将太平乡、礼仪乡、兴起乡、温邑乡4乡改为中、东、北、西、南5区，安乐寨村属于西区。

1930年6月，温县中、东、北、西、南5区改为第一区至五区，安乐寨村属于温县第五区安乐乡 46、47 保。

1945 年 5 月，温县分属温陟、温孟两县。安乐寨村属于温孟县第二区。8 月，撤销温陟、温孟两县，复设温县。安乐寨村属于温县。

1949 年 8 月 20 日，平原省（省会新乡）建立，安乐寨村属于平原省新乡行政专员公署温县第二区。

1952 年 12 月，平原省撤销，原平原省辖区的温县等地划归河南省，安乐寨村属于河南省新乡行政专员公署温县第二区。

1953 年 3 月，温县第二区设立安乐寨乡，辖安乐寨村、上苑村、护庄村。安乐寨村设立 6 个初级农业生产合作社。

1955 年 4 月，安乐寨高级农业生产合作社（又称集体农庄）成立，辖安乐寨村、上苑村、护庄村。安乐寨村设立 6 个初级农业生产合作社。

1955 年 9 月，温县撤销区建制，设立 9 个中心乡，辖 31 个乡。安乐寨高级农业生产合作社属于温县招贤中心乡西留石乡。

1956 年，温县调整区划，撤销中心乡，设立 13 个乡镇。安乐寨高级农业生产合作社属于温县招贤乡。

1957 年 7 月，安乐寨高级农业合作社设立安乐寨、上苑、护庄 3 个农业合作社，辖 9 个生产队。

1958 年 8 月，温县撤销 13 个乡镇，设立招贤人民公社等 9 个人民公社，公社下设大队。安乐寨高级农业生产合作社更名为安乐寨大队，辖 9 个生产队，属于温县招贤人民公社。

1959 年 1 月，温县将 9 个公社合并为 6 个公社。招贤人民公社、祥云镇人民公社合并为祥云镇人民公社。安乐寨大队划归温县祥云镇人民公社。

1960 年 10 月，河南省撤销温县，辖区并入沁阳县。安乐寨大队属于沁阳县祥云镇人民公社。

1961 年 9 月 1 日，河南省恢复温县建制，安乐寨村属于温县祥云镇人民公社。

1962 年 5 月，温县把 6 个公社拆分为招贤人民公社等 13 个公社。安乐寨大队划归招贤人民公社。

1969 年 11 月，安乐寨大队的 11 个生产队调整为 7 个生产队。

1970 年 3 月，安乐寨大队的 7 个生产队调整为 9 个生产队。

司马懿得胜鼓（2011 年）

1983 年 11 月，农村体制改革，公社改为乡，大队改为村，生产队改为村民组。安乐寨村辖 9 个村民组，属于温县招贤乡。

1986 年 1 月，河南省撤销新乡行政专员公署，设焦作市，温县划归焦作市。安乐寨村属于焦作市温县招贤乡。

1996 年，安乐寨村根据村办企业较多、村民多在企业上班的情况，实行“以工厂代村民组”的管理模式，把 9 个村民组调整为卷闸厂、淀粉厂、螺钉厂、化工厂、纤维板厂、床垫厂、车队 7 个村民组。

2008 年 6 月，经有关专家考证、确认，河南省人民政府批准，安乐寨村及周边 40 平方千米区域为司马故里旧址，安乐寨及周边古遗址（迹）被列入河南省重点文物保护单位。

2013 年 6 月，安乐寨村入选河南省首批“传统村落名录”。

2018 年 1 月，安乐寨村被河南省环保厅确定为“河南省生态村”。12 月，被河南省文化和旅游厅确定为省级“文化特色村”。

2020 年 11 月，安乐寨村兄弟书屋获得中共中央宣传部、文化和旅游部、国家广播电视局颁发的“第八届全国服务农民、服务基层文化建设先进集体”证书。

◉ 自然地理

地质地貌　安乐寨村在地质上为第四系冲积平原。在大地构造上位于豫西隆起和山西隆起的衔接地带，处于济源凹陷的南侧。

安乐寨村在地形上属于黄沁河冲积平原，海拔在110米左右。村内居民区位于太行山南麓丘陵延伸而成的清风岭（呈偏西南至东北走向，经过温县8个乡镇，面积79.85平方千米）上，地势较高，高出两边农田3～7米，周边村落尽可俯视。村庄地势为西高东低，轮廓大致呈凤凰展翅状，西北最高为凤头，东南最低为凤尾。

气候物候　安乐寨村属于暖温带大陆性季风气候，冷暖适中，日照时间长，热量充足。全年平均气温为14.3℃，年平均降水量552.4毫米，无霜期217天，全年日照时间2511小时。

由于受太平洋、欧亚大陆等大范围地理因素的综合影响，一年中春夏秋冬四季分明，气候特点突出。春季为3月26日至5月20日，共56天。天气由寒转暖，雨水少、季内平均降水量90毫米；风多，七级以上大风仅4月就占全年的15%。夏季为5月21日至9月10日，共113天，天气炎热，雨量大，偶有暴雨。其间，7月平均气温27.6℃，季内平均降水量277.4毫米，占全年降水量50%。秋季为9月11日至11月5日，共56天，天气由热转凉，天高气爽，日照时间长，日夜温差较大。降雨逐渐减少，季内降水量占全年降水量的21.8%。冬季为11月6日至翌年3月25日，长达140天，干旱、寒冷，偶有雨夹雪、小雪、中雪。季内降水量平均不足70毫米。

因受太行山的影响，温县风向多为西南西和东北东。年均风速为2.9米/秒，17米/秒以上的大风日，年均有30日，春季频率为最大，尤以4月最多，占15%。

由于气候适宜，土地肥沃，安乐寨可生长多种农产品。其中，小麦、玉米、山药等多以品种优、质量好和产量高而享誉中原。

水文水系

黄河　古代称为“河”，为“四渎”（江、淮、河、济）之一。黄河是中华民族的母亲河，是中华文化的摇篮。

西周初年，大司寇苏忿生根据“背山面河”的观念，在清风岭、黄河之间建温城（城址在现上苑村、安乐寨村一带）。此后，汉代、三国、两晋时期，温城一带长期是温县的治所，黄河的航运为当地的人员交流、经济往来提供便利。

明代，黄河北岸的岸边有坨坞村、小营村。其中，小营村有渡口——小营口，为温县境内黄河上的三大渡口（平皋口、马营口、小营口）之一。坨坞村的王姓、小营村的杨姓，在黄河岸边耕种，在河中从事水运，逐渐发展壮大。小营村杨姓中的杨四，在去世后被百姓加以神话，被永乐帝朱棣封为“将军”，清代被康熙帝玄烨封为“镇东侯”“总理江湖河道翼运平浪元帅”。黄河两岸流传有很多关于杨四的传说。明朝末年，因黄河发生水患，小营村的杨姓迁至安乐寨村定居。

清初，黄河出现大洪峰，坨坞村沿岸土地被洪水冲刷而大面积塌陷，没入黄河水中。村中王姓先迁至辛庄村，后迁至安乐寨村中定居，成为安乐寨村的第一大姓。

安乐寨村南临黄河，为黄河沿岸村庄。受黄河泥沙淤积的影响，村庄南部地势较为平坦，土地肥沃，地下水源较为丰富。村民种植的小麦、玉米、山药等作物，品种好、产量高。

中华人民共和国成立后，安乐寨村民仍在黄河岸边耕种土地，随着公路运输事业的发展，黄河航运逐渐衰落，直至消失。

济水　古代称为“济”，为古代“四渎”（江、淮、河、济）之一。济水发源于河南省济源市王屋山上的太乙池。源水以地下河向东潜流 35 千米，后形成沇水，至温县西北始名济水。古济水在《禹贡》中记载有：“导沇水，东流为济，入于河，溢为荥；东出于陶丘北，又东至于菏；又东北，会于汶；又北东，入于海。”

西周初年，苏忿生所建温城的西城墙紧邻济水，和平时期，济水为温城的重要水运通道；战乱时期，济水则为温城的护城河。

春秋时期，诸侯虢仲曾在济水岸边活动，建虢公台。

三国时期，司马懿曾在济水岸边的虢公台宴请家乡的官员和父老乡亲。

明万历五年（1577）《温县志》记载有：“沇水　在县西三十里上苑村。”祭氏注云：“沇水者，济水也，发源为沇，既东为济，至温历虢公台入于河。”济水岸边的虢公台为温县（又称苏封）著名景点，被誉为“虢仲高台”，并入选“苏封八景”。

安乐寨村西临济水（又称沇水、猪龙河），济水、蟒河在安乐寨村域中部交汇，水量大增，便于水运和农田的灌溉。

蟒河　发源于山西阳城县之蟒山，故得名蟒河。经河南济源市向东流经孟州市，自温县招贤乡上苑村西南入温县境内，然后直流向东，同清风岭平行向东延伸，至平皋流入武陟县境。蟒河流经安乐寨村域中部，为方便出行，村民在蟒河上修建了一座木桥。

1950 年和 1954 年冬，温县两次组织安乐寨村、招贤村等多个村庄的民工修复蟒河大堤。1958 年 6 月，安乐寨村民在蟒河桥北建水力磨坊（俗称水打磨）一座。1972 年，温县再次组织安乐寨等村民工整修招贤至祥云镇蟒河堤坝 8.2 千米。20 世纪 60 年代中期以后，由于上游不断截流和修建水库，致使蟒河水量大减，洪涝灾害基本不再发生。

1972 年，安乐寨村民参加蟒河裁弯取直工程，竣工后蟒河桥由木质结构改为砖混结构。

1978 年，按五年一遇标准治理，设计流量 74 米 ^{3}/ 秒，河道宽 15 ~ 20 米，河底宽 2 米至 6 米。1979 年冬，温县再次组织民工对老蟒河进行裁弯取直，改复式河床为平槽河床，河床底宽 7 米许，设计流量 74 米 ^{3}/ 秒。2000 年前后，蟒河基本干涸，成为排

新蟒河（2010 年）

污和排涝的河道。

新蟒河 历史上蟒河水量变化较大，在雨量充沛的年份常发生洪涝灾害，对沿岸的孟县（现孟州市）、温县造成危害。1932 年 3 月，为分流蟒河水，减少洪涝灾害，孟县、温县民众开挖新河道蟒河，以分流蟒河水。新河道西起孟县东韩村，在蟒河的南侧向东流，自温县招贤乡南部黄河滩区进入温县境，经安乐寨村，曲折东流到赵堡乡汜水滩东，流入武陟县境。为了便于区分，原蟒河被称为老蟒河，新开挖的蟒河被称为新蟒河。

新蟒河流经安乐寨村南部。1949 年，温县组织安乐寨等多个村庄的民工自贾营以下开挖新蟒河 7.5 千米。1952 年 4 月，安乐寨村民 200 人参加新蟒河的拓宽工程。1956 年，温县组织安乐寨等村复修新蟒河北堤，动用土方 7.15 万立方米。1957 年春，安乐寨村

100 余人参加济蟒截排工程，疏浚猪龙河，开挖猪龙河至辛庄的排涝河，使猪龙河水汇入新蟒河，东流至阎庄村东南入黄河。1961 年，黄河主流南徙，新蟒河也沿黄河汊沟逐步延伸东移。1964 年，蟒河在武陟县董宋村南流入黄河，形成温县境内新蟒河、老蟒河两条平行河道。

1976 年，温县组织安乐寨等村对新蟒河进行裁弯取直疏浚工程，设计流量 230 米 ^{3}/ 秒。河型为复式河床，河底宽 25 米至 28 米，平台宽 80 米，两岸堤高 3 米。主河槽过水流量 96.6 米 ^{3}/ 秒。河上建生产桥 3 座、交通桥 6 座。

1982 年 8 月，连降 5 天暴雨，新蟒河水位暴涨，安乐寨村 100 多村民赶赴新蟒河大堤防洪抢险，保证了大堤的安全。1983 年 10 月，为便于出行，招贤乡政府在安乐寨村至单庄的道路上修建新蟒河桥 1 座。

自然资源

植物　安乐寨村粮食作物以小麦、玉米为主，兼种大麦、谷子、高粱、红薯、黄豆、绿豆、黑豆，夏秋套种，一年两熟。

经济作物有棉花、油菜、花生，以及四大怀药中的山药、地黄、牛膝、菊花。2000 年以来，引种丹参、白术等。

中华人民共和国成立前，村中的乔木有榆树、槐树、椿树、杨树、松树、柳树、柏树、桐树、栾树、楝树。其中，榆树最多，村民多用榆树作房梁。柳树是村民作案板

安乐寨村街中的植物（2020 年）

村民家门口的石榴树（2020 年）

（切菜板）的主要材料。榆树、槐树、椿树在街道两边较多，起到绿化的作用。

中华人民共和国成立后，为了绿化、美化环境，村里引种石榴树、柿树、棕榈、桂花、女贞等树种，在街道两边大量栽种，从而保证街道两边花果飘香、四季常青。

果树有桃树、梨树、杏树、石榴树、核桃树、枣树、苹果树、柿树等。

野草有狗尾草、藜、马齿苋、枸杞芽、臭蒿、苣荬菜、水烛、刺苋、牛筋草、白蒿、莎草、艾草等。

药用植物有牛蒡、丹参、薄荷、香附子、茵陈等。

动物 安乐寨村动物中走兽类有狐狸、獾、野兔、黄鼠狼、田鼠、刺猬等。

飞禽类有麻雀、燕子、野鸡、野鸭、大雁、猫头鹰、鹤、布谷鸟、乌鸦、黄鹂、啄木鸟、斑鸠等。

昆虫类有蜜蜂、蝉、蚕、金龟子、蚜虫、蝎子、蜈蚣、蚯蚓、蜘蛛、萤火虫等。

鱼类有鲤鱼、鲫鱼、鲇鱼、鳝鱼、鳖等。

◉ 人口姓氏

源流迁徙 汉代，孝敬里（现安乐寨村）为司马氏家族的聚居地。

西晋末年，因战乱频繁，孝敬里的司马氏家族人口大部分迁移至长江以南定居。隋唐时期，少数留下的司马氏家族人口逐渐迁出，散居在全国各地。元朝末年，因战乱，该地人烟稀少，田地荒芜。

明朝初年，明太祖朱元璋下令山西移民。经过明洪武二年（1369）、三年（1370）、二十二（1389）、二十五年（1392）多次有组织的移民，将山西部分居民迁至河南、山东、河北等地。王姓、杨姓等移民几经辗转，最后在安乐寨村定居，延续至今。

明末，安乐寨村有 200 余人。

清代，王姓迁至安乐寨村，清末人口 500 余人。

1935 年，安乐寨村人口为 834 人。

1939 年，安乐寨村人口为 913 人。

1945 年，因战乱、灾害，安乐寨村人口减少至 618 人。

中华人民共和国成立后，随着社会稳定，生产发展，安乐寨村人口逐渐增加。

1953 年，第一次全国人口普查时，安乐寨村有 1131 人。

1964 年，第二次全国人口普查时，安乐寨村有 1153 人。

1982 年，第三次全国人口普查时，安乐寨村有 1674 人。

1990 年，第四次全国人口普查时，安乐寨村有 1734 人。

2000 年，第五次全国人口普查时，安乐寨村有 1805 人。

2010 年，第六次全国人口普查时，安乐寨村有 1822 人。

2020 年，全村常住人口（含非农业人口）达 2048 人，其中男性 1050 人，女性 990 人。

人口构成　民族构成　2020 年，安乐寨村居民有 3 个民族，即汉族、回族、彝族。其中，汉族 2038 人，回族 1 人，彝族 1 人。

家庭构成　明清时期，安乐寨村因自然灾害时有发生，单个群体抗御灾害的能力有限，需要多人联合，安乐寨村的大家庭较多。此外，根据村民的道德规范，家庭以人口众多为荣耀，以四世同堂最为人们称颂。一家之中以长辈男性为家长，家庭之上为家族，建有家庙、祠堂，家族中推选德高、辈长者为族长。家族中以纲常伦理、家规解决家族内部矛盾和对外之纠纷。如果父母健在，儿子提出分家会受乡邻的议论、家族的谴责，不分家使家中人口越来越多。安乐寨村很多家庭为四世同堂、三世同堂，主要表现为兄弟几个结婚后不分家，常常一个家庭有 10 多人、20 多人在一起生活。家中长辈安排男人负责到农田相互协作，共同耕种、收获粮食，或者外出打工、创业；女人负责做饭、看孩子等家务活，各种收入由长辈统一管理，平均分配给各个家庭成员。

民国时期，族长的地位、权威逐渐弱化。一个家庭中，兄弟几个要求分家单独过的现象，也逐渐被村民所接受，大家庭逐渐变少。

中华人民共和国成立后，废除封建统治，提倡民主、平等。随着生产力的提高，妇女地位的提高，女人纷纷走出家庭，和男人一样参加各项生产劳动，小家庭抗御自然灾害的能力增强，安乐寨村人口较多的大家庭进一步减少。一般来说，男子结婚后很快就会分家，家庭规模逐渐变小。村民家庭一般为两代人、三代人的居多，家庭成员均在10人之下。

2000年前后，即使独生子女，婚后也与父母分门立户，家庭规模进一步变小，两人、三人的家庭增多。

2020年，安乐寨村共有村民486户，各户的家庭结构情况不尽相同。四世同堂的农户有6户，家中有90岁以上的长寿老人，一家四代人在一起生活，占全村户数的1.25%；三代同堂的农户有336户，一般为祖辈、父辈、晚辈三代人在一起生活，占全村户数的70%，为村里家庭结构的主体；两代人的农户有120户，一般为夫妻两人和未成年的孩子在一起生活，占全村户数的25%；一代农户即夫妻分家后单户居住有18户，家里只有夫妻二人，占全村户数的3.75%。

家庭格局虽然发生变化，但人们对家庭观念、亲情依然很重视，仍以尊老爱幼、赡养老人、婆媳和睦为荣。

姓氏构成

汉代，安乐寨村姓氏以司马为主。三国、晋代时期，安乐寨村的司马氏家族兴起，成为全国司马氏的郡望中心，显赫一时。南北朝时期，安乐寨村司马氏逐渐外迁，人口大幅度减少。隋唐时期，安乐寨村的司马氏全部迁出，村庄衰落。宋元时期，安乐寨村中以霍姓、徐姓、韦姓为主。

明清时期，安乐寨村以王姓、杨姓为主，另有霍姓、徐姓、韦姓等20多个姓氏。

中华人民共和国成立后，安乐寨村姓氏总体情况变化不大，仍以王姓、杨姓为主。2020年，安乐寨村共有23个姓氏，分别为王、杨、牛、霍、徐、翟、訾、韦、缪、蔚、崔、赵、吕、郝、张、范、路、谢、李、宋、刘、单、裴。

2020 年安乐寨村各姓户数和人口数统计表

表 1

姓氏	户数（户）	人口数（人）	备注
王姓	215	884	村中人口最多
杨姓	194	800	村中第二大姓
牛姓	14	65	
霍姓	14	52	村中早期姓氏之一
徐姓	11	50	
訾姓	7	30	
韦姓	4	19	
翟姓	9	37	
蔚姓	2	11	
赵姓	1	10	
缪姓	1	9	
吕姓	1	8	
郝姓	2	8	
范姓	1	5	
谢姓	1	5	
路姓	1	10	
张姓	1	7	
宋姓	1	4	
李姓	1	7	
崔姓	2	18	
刘姓	1	3	
单姓	1	3	
裴姓	1	3	

王姓 据安乐寨村坨坞《王氏家谱》记载，坨坞王姓先祖居山西长子县河砥村，有兄弟 6 人。明永乐四年（1406），第五子王泽（人称王老五）从山西迁往河南怀庆府温县老蟒河之南的坨坞村居住。明崇祯十七年（1644），因洪水为患，坨坞村王姓迁至清风岭南的辛庄村坡下居住。清康熙年间，辛庄村的部分王姓（王泽第三子的后人）搬到安乐寨村居住。清道光年间，王姓家族在安乐寨村祠堂街西端建有王氏宗祠，供族人祭拜。

坨坞王姓名人有清代康熙五十三年（1714）岁贡王文焕、嘉庆九年（1804）举人王命三、道光二十六年（1846）举人王景堂、道光二十八年（1848）岁贡王恒毓、道光二十九年（1849）浙江候补知县王朝璧；中华民国众议院议员、总统府顾问王文郁，冀鲁豫边区参议员王文简，两任孟津县县长王培仁；中华人民共和国湖北省黄冈地区行署副专员王崇道，著名经济学家、中共十五届中央委员、国务院发展研究中心主任王梦奎，著名隧道及地下工程专家、中国工程院院士、铁道部隧道工程局副总工程师王梦恕，河南省人民政府副秘书长王梦飞，邮电部工业总局副局长王乃大，河南省电力工业局《豫电科普报》主编、美术家王延大。

西头王姓在清代从韩村（现属温县黄庄镇）迁到安乐寨村，居住在村庄西部，故称西头王姓。

2020 年，安乐寨村王姓（含坨坞王姓、西头王姓）共有 215 户 884 人。

杨姓 据安乐寨《杨氏家谱》记载，元末明初，杨郭光在山西平阳府洪洞县城内刘家集椿树胡同居住，生五子：长子杨钦、次子杨锜、三子杨铭、四子杨方同、五子杨整。明洪武七年（1374），杨整自山西洪洞迁往河南怀庆府济源县之槐树庄居住。约 10 年后，杨整全家迁于温县西 12 千米之小营村西部。小营村近邻黄河，有渡口——小营口。崇祯十七年（1644）因黄河水患，小营村杨姓迁安乐寨村定居。

安乐寨村杨姓名人有明代敕封将军杨四，清代史学家、道光二十九年（1849）恩贡杨碾，同治年间进士、翰林待诏杨联光（杨碾弟），生员杨磊（杨碾弟），光绪年间附贡杨峰青（杨碾长子），生员杨应时（杨碾三子），宣统年间秀才杨漠，杨碾家族被称为“杨碾三代六中榜”，咸丰元年（1851）恩赐举人杨恒毓；中华民国总统军需庶理杨士俊，保定陆军军官学校第五期毕业生、国民革命军第八十四军少将副军长杨团一，国民革命军第三十七军参谋长杨秉彝；中华人民共和国医学专家、河北中医学院院长杨医亚，海军武器系统科研工作者、研究员杨文升，河南保险公司副总经理杨世法，焦作大学党委副书记、副校长杨家卿，曾任安乐寨村工业办公室主任、温县卷闸厂厂长、村委会主任、村党支部书记杨成祖等。

安乐寨村另有一支杨姓，明代在温县、孟县（现孟州市）交界处的小杨庄村居住。明末清初，因黄河水患，村庄被毁。杨姓迁至安乐寨村定居。

2020 年，安乐寨村杨姓共有 194 户 800 人。

牛姓 安乐寨村牛姓从何地何时前来不详。2020 年，有 14 户 65 人。

霍姓 据霍氏族人相传，安乐寨霍姓元代即在村中居住。元末战乱中，霍氏两兄弟藏于村里的一个红薯窖内而幸免于难。据霍氏族人回忆，早期家谱遗失，现存家谱记载，霍姓在安乐寨村有 16 代。

安乐寨村霍姓名人有革命烈士霍永星（霍水）。2020 年，霍姓有 14 户 52 人。

徐姓 元代，安乐寨村有徐姓在此定居。后来，徐姓人口逐渐减少，直至全部迁出。多年后从外地迁来一支徐姓。2020 年，该支徐姓在安乐寨村延续到第 10 代，有 11 户 50 人。

訾姓 安乐寨村訾姓祖籍河南巩县（现河南省巩义市）西南訾殿村，后从巩县訾殿村搬到赵马庄。多年后因黄河涨水，訾姓第五世从赵马庄迁至安乐寨居住。2020 年，訾姓延续到第十六世，有 7 户 30 人。

翟姓 安乐寨村翟姓从何地何时迁来不详。2020 年，翟姓有 9 户 37 人。

韦姓 元代，安乐寨村有韦姓，明末迁出。清道光二十六年（1846），护庄村（现温县招贤乡护庄村）韦姓迁到安乐寨居住。2020 年，韦姓延续到第六世，有 4 户 19 人。

崔姓 安乐寨村崔姓原居树楼村（现温县番田镇树楼村）。1928 年，因结婚迁安乐寨。崔姓名人有焦作市第一人民医院副主任医师、心脑血管专家崔红玲。2020 年，崔姓有 2 户 18 人。

蔚姓 安乐寨村蔚姓原籍河南省嵩县。1973 年，迁至安乐寨村。2020 年，蔚姓有 2 户 11 人。

赵姓 安乐寨村赵姓原居河南商丘赵庄。1950 年，因婚迁安乐寨。2020 年，有 1 户 10 人。

缪姓 安乐寨村缪姓自何地何时迁来不详。2020 年，有 1 户 9 人。

吕姓 安乐寨村吕姓原籍单庄（现温县招贤乡单庄村）。1956 年，因黄河滩涨水迁至安乐寨。2020 年，有 1 户 8 人。

郝姓 安乐寨村郝姓原籍河南省孟州市武桥。1958 年，因婚迁安乐寨。2020 年有 2 户 8 人。

张姓 安乐寨村张姓原籍温县城内。清嘉庆十五年（1810），张家兄弟几人因家庭纠纷，产生矛盾。其中，一张姓兄弟投亲落户安乐寨。2020 年，有 1 户 7 人。

谢姓 安乐寨村谢姓原籍上苑村（现温县招贤乡上苑村），何时迁至安乐寨不详。2020 年，有 1 户 5 人。

范姓 安乐寨村范姓原籍河南省洛阳市新安县。1984 年，因婚迁安乐寨。2020 年，有 1 户 5 人。

路姓 安乐寨村路姓原籍河南省商丘柘城县陈青集镇梁湾村高村自然村，因多年在安乐寨村做家具，于 2002 年落户安乐寨。2020 年，有 1 户 10 人。

宋姓 安乐寨村宋姓原籍温县祥云镇夏庄村。1974 年，因婚迁安乐寨。2020 年，有 1 户 4 人。

刘姓 安乐寨村刘姓原籍訾杨门村（现温县黄庄镇訾杨门村）。清光绪六年（1880）前后到安乐寨村开药铺，后落户安乐寨。2020 年，有 1 户 3 人。

单姓 安乐寨村单姓原籍单庄村（现温县招贤乡单庄村）。1996 年，因婚迁安乐寨。2020 年，有 1 户 3 人。

李姓 安乐寨村李姓原籍河南省孟州市东韩村。1976 年，因婚迁安乐寨。2020 年，有 1 户 7 人。

裴姓 安乐寨村裴姓原籍河南省汝州市杨楼乡訾家村。2004 年，因在村中做小生意落户安乐寨。2020 年，有 1 户 3 人。

◉ 村域经济

经济总量 安乐寨村土地平坦，气候适宜，发展农业的自然条件优越。全村有耕地 2100 亩，老蟒河以北为上坡地，有 1200 亩，多为两合土或黏土，土质肥沃。其中，东洼地（200 余亩）、北洼地（200 余亩）因土质好，保水保肥性能好，被誉为温县的“头等地”。老蟒河以南为河滩地，土质多为沙土，较为贫瘠。村里粮食作物以小麦、玉米为主，兼种高粱、大豆、谷子。经济作物多为棉花，以及四大怀药，其中以山药、地黄闻名全国，价值较高。蔬菜有萝卜、白菜、黄瓜、西红柿、茄子、葱、蒜等。

改革开放以来，党和政府实施一系列惠民、支农政策，极大地推动农业的发展，农业生产发生根本性转变。安乐寨村民解放思想，调整种植结构，把农业经济逐步推向市场，走上市场化、规模化的道路，村民收入逐年提高。

2020 年，安乐寨村 90% 以上的村民土地实行流转，面积达 1800 多亩。全村拥有小麦、玉米收割机各 4 台，机收、机打面积达 98% 以上。土地流转后 2/3 的村民有时间外出务工或经商，发展个体经济和民营企业，人均收入稳定增长。全村有各种工商业经营实体 57 家，从业人员 1000 余人。尤其是卷闸门系列企业是村域支柱产业，全村半数以上农户从事此项产业，年产值达 2 亿元，实现利税 6000 余万元。据有关部门统计，安乐寨村的各项经济指标及人均收入均位于温县前列。

发展概况

农业 明清时期，安乐寨村土地为私有制，大多集中在地主、富农手里，贫苦农民只占有极少数耕地，且世代遭受着地主的压迫剥削。

民国时期，村民耕作依靠人力、畜力，农作物产量很低。1943 年秋，蝗虫成灾，全村受灾面积达 1600 余亩，庄稼几乎颗粒无收。村民不得不以树皮、草根等充饥，饿死达 80 余人，出外逃荒要饭 214 人。

1950 年 6 月，国家进行土地改革，温县人民政府给村民发放土地证，广大村民分到土地，掀起兴修水利的热潮，粮食亩产达到 200 余千克。1952 年，村民王文涛因种植的棉花亩产 297 千克，被誉为“植棉能手”，中央人民政府农业部授予王文涛“爱国丰产模范”称号，并颁发奖状、奖章和 100 万元（旧币，折合新币 100 元）奖金。

1952 年 11 月，全村建立互助组（劳动互助，土地自营）10 余个。1953 年 3 月，全村成立 6 个初级农业生产合作社（土地入股分红、劳动以工付酬）。共入社 250 余户，土地、耕畜、大型农具一并入社，转为集体使用、经营。1957 年 7 月，成立高级农业生产合作社（时称集体农庄，取消土地股金分红，全部实行按劳分配），下设 9 个小队。

1958 年 8 月，按照《中共中央关于在农村建立人民公社问题的决议》精神，温县 13 个乡合并为 9 个人民公社，实行政社合一。招贤人民公社安乐寨大队下设 9 个生产小队，建全民食堂 9 个，社员吃大锅饭。1962 年，为克服经济困难，全大队两次下放土地 200 余亩，分给社员自由种植（自留地），鼓励群众开垦小片荒地（简称小片荒）以

安乐寨村民王文涛（右）获奖照片（1952 年）

安乐寨村农田（2011 年）

度灾年。中央政策的调整，调动群众生产自救的积极性，农业生产开始恢复，群众生活稍有改善。1961 年开始，安乐寨大队先后打机井 4 眼。购置各种水利机电设备 70 多台（套），耕地实现机电灌溉，农业生产得到较快发展。

1970 年，在村南门外、蟒河南修水泥灌溉渠 3000 米，用大功率水泵引蟒河水灌溉。引进小麦新品种，粮食产量大幅提高。1975 年，小麦平均亩产近 350 千克，玉米平均亩产达 225 千克。

1973 年，安乐寨大队购买捷克单缸拖拉机（因启动时声音很大，村民俗称老嗡车）1 台。1974 年，购买"东方红"履带式 75 马力拖拉机 1 台及配套农机具（为温县各大队购买的第一台大型拖拉机）；1975 年，购买 40 马力轮式拖拉机 1 台；1976 年，部分生产小队购买小四轮拖拉机；1977 年，又购买"东方红"履带式拖拉机两台及配套农机具；1978 年，购买大型"康拜因"小麦收割机 2 台，安乐寨大队的农业机械化程度位居温县之首。群众从高强度的农业劳动中解放出来，大部分劳动力转入村办企业，基本实现"以工带农、以工养农"的构想。

1982 年，农村推行以户为单位的联产承包责任制，群众称为"大包干"。1983 年，安乐寨村实行包产到户，农业生产由集体经营变为分户经营、自负盈亏，调动了村民生产经营的积极性、主动性。种植结构发生明显改变，从单一的粮食种植发展到粮食和经

安乐寨村麦田（2011 年）

济作物的多元化种植，经济效益明显增加。1996 年，安乐寨村“两委”会召开村、组代表及企业负责人会议，决定将原 9 个村民小组划归村属企业，以厂代组，并重新确定土地承包关系。

1998 年，安乐寨村土地实行第二轮承包，村委会将老蟒河以北的土地按人数分给农

麦田喷灌（2018 年）

安乐寨村收获玉米（2010 年）

户，土地承包 10 年不变。老蟒河以南、新蟒河以北土地作为调整地，每 5 年按各户人口变更情况作相应调整。新蟒河以南的土地全部收归村集体，承包给种田专业户，承包费用于村集体公益事业。同年，由世界银行贷款投资 60 万元在村南建自动化节水灌溉示范园区，并试行自动测肥、测墒、测温。

安乐寨村机械化收割小麦（2020 年）

2000 年，新蟒河以北农田全部铺设地下输水管道，水泵更换为深井泵。全村共铺埋地下管道 1.5 万余米，配置深井泵 28 台。

2005 年国家免除沿袭 2000 多年的农业税。2006 年，国家相继对农民实行种粮补贴、农资补贴，玉米、小麦、棉花优良品种补贴，农机购置补贴等一系列惠农政策，极大地调动安乐寨村民种粮积极性，实现农业增收、农民增效。

2010 年以来，随着生产经营情况的改变，村民的土地开始流转，由种粮大户进行规模化种植。2019 年，安乐寨村 90% 农户的土地实行流转，面积达 1800 亩。土地流转后约 2/3 的农户外出务工或经商，发展个体经济和民营企业。

畜牧业 中华人民共和国成立前，安乐寨村民饲养的大牲畜有牛、驴、骡、马，主要用于农田耕作及运输。饲养的家畜有猪、羊、鸡、兔，多为生活自给。

1953 年，温县兽医培训班在安乐寨村举办，全县 70 余人参加，培训时间近 1 年，为全县畜牧业发展奠定基础。此后，养猪事业得到发展，各生产队有养猪场，家家户户有猪圈。安乐寨大队第七生产队在南门外建“宝塔式”猪圈，科学管理，饲养效果好。20 世纪 70 年代，安乐寨大队和生产队制定相应政策，鼓励社员养猪。实行养猪积肥定额管理，对饲养母猪、繁育仔猪予以奖励，对无空地养猪的农户，通过个人申请划定地方建猪圈。选拔觉悟高、热爱养猪事业的社员到集体养猪场当饲养员，实行畜牧合作医疗，配备专职兽医进行防疫、防治，从而促进养猪事业的发展，每年饲养量达 2000 多头，基本上实现一人一猪，一亩一猪的目标。养猪事业的发展，为集体和社员个人增加收入，为粮食增产提供大量优质的农家肥。实行养猪积肥定额管理，一头猪年积肥 5 立方米，每立方米记 20 分，并实行多积肥有奖政策，在定额的基础上多积 1 立方米肥料，便记 22 分。此外，安乐寨大队还饲养大牲畜 85 头、羊 60 只、兔 200 只。

1983 年，实行家庭联产承包责任制后，安乐寨村的集体养猪场相继停办，个体养殖得到发展，村民养猪、养鸡保持旺盛势头，从自给型养殖转为商品化养殖，从社员分散养殖转为规模养殖。

1997 年，村民杨中有建蛋鸡场 1 处，蛋鸡存栏 300 只。1998 年，村民王梦江租赁集体土地 15 亩，建大型蛋鸡场 1 处，蛋鸡存栏达 1 万余只。

2000 年，村民杨如意、吕红各建养猪场 1 处，生猪存栏达 200 余头。2003 年，村民杨顺利、王国堂各建肉鸡场 1 处，年出栏商品鸡 7 万只。

2010 年前后，村民杨洪军筹建肉鸡场 2 处，王东臣在黄河滩建鸡、鸭、鹅饲养场 1 处，杨青海建饲养场 1 处。均为规模化养殖，每年经济收入可观。

2020 年，因环境治理、产业结构调整等因素，安乐寨村的养殖场全部关停。

林业 魏晋时期，安乐寨村因开发较早，无天然林生长地区。明清时期，树木多为人工栽植，分布于田间地头、道路两旁或房前屋后。树种有榆树、椿树、槐树、桐树、杨树、柳树、柿树、柏树、皂角树等。清同治年间，安乐寨村修建的杨家祠堂、王家祠堂院内各有多株柏树。多年后，树径达一人合抱（“文化大革命”期间，祠堂被拆，古柏树随之被刨）。村西北隅有两人合抱大皂角树 1 棵，村民徐孝慈院内有两人合抱大榆树 1 棵，树龄均达 200 年以上。

中华人民共和国成立后，国家发出“植树造林，绿化祖国”的号召。安乐寨村民坚持植树，绿化村庄、河滩。经过几十年的努力，村庄内道路及田间道路两旁林木成行，绿意盎然。

1962 年 10 月，温县人民政府连续两次向社员颁发林权证，鼓励社员在房前屋后、道路旁边、河堤沟旁等空闲地植树。林权证的颁发，保障了社员的权益，极大地调动社员的植树积极性。

1970 年，安乐寨大队在公坟地栽植苹果树 500 余株，公坟四周种植花椒树 500 余株，花椒树外栽植核桃树 60 余株。盛果时期，三种树每年经济效益达 3 万余元。

1982 年，温县人民政府第三次发放林权证，进一步明确集体和个人的林木所有权。

村民在各自责任田地头、路边种植果树等，精心管理，经济效益明显。

1983 年，安乐寨村委会为了改善村域生态环境，造福子孙后代，相继在老蟒河堤、新蟒河堤，以及老蟒河南、新蟒河南、黄河堤南植树造林，种植三毛杨树 2 万余棵。

1993 年，安乐寨村响应国家号召，调整农业种植结构。由世界银行贷款，在大城角以南、新蟒河以北种植苹果树 31528 株，约 700 亩。1998 年，村委会将村东南大堤、东城墙及公坟地承包给农户植树，承包期为 13 年。承包者种植杨树、泡桐树千余棵，既美化村域生态环境，又增加经济效益。

2010 年以来，安乐寨村街道两旁种植绿化树及果树，如大叶女贞、柿树、石榴树等，较好地起到美化街道环境、增加农民收入的作用。

工商业 中华人民共和国成立前，安乐寨经济以农业为主，工商业几乎没有。

中华人民共和国成立后，安乐寨村有王立志、王安祥、王德会开办的 3 家门店，主要经营针织品，以及烧饼、麻糖、凉粉、炒花生、瓜子、瓜果等食品。另有杨希祖、牛永坤跑单帮（俗称“买货郎”），从山西挑担进货，到温县游乡串巷出售，主要经营杂货，如琉璃咯嘣、摔炮等。此外，杨永仁、杨文焕、杨彬祖从事零修（俗称“小炉匠”）配钥匙、修拉锁、锡焊接等。其中，杨彬祖从事补锅行业（俗称“补漏锅”），村民使用的生铁锅漏了，无钱买新的，就找杨彬祖修补。他在一个坩埚中装上生铁碎块，然后置于炭炉中，将生铁化为液体，用熔化的铁水以特殊工艺快速将铁锅漏洞补好。

1955 年，安乐寨村高级社成立木业生产合作社。杨文清任社长，王德华（安乐寨村人）、林学雨（上苑村人）、姬允和（护庄村人）分别任组长，加工各种板材，从业人员近 20 人，一直经营到 1958 年。

1969 年，安乐寨大队建砖瓦窑一座。负责人霍永祥，从业人员 10 余人。主要烧制盖房用砖瓦及杂货（房顶的兽头、脊瓦、合瓦）等，年均收入 8000 元左右。同年，大队还建起红薯粉坊。从业人员 40 余人，主要加工红薯粉条，年收入 1 万余元，1971 年关停。

1974 年，安乐寨大队在苹果园内开办鞭炮厂，从业人员 10 余人。1975 年，得到在新乡工作的杨益彬、朱长更的支持，安乐寨大队筹建锅炉修造厂，经温县轻工局批准，命名为“招贤公社锅炉修造厂”。王建国、王俊德先后任厂长，从业人员 50 余人。创办初期资金靠自筹，设备靠自制，技术靠引进。由朱长更牵头，从上海、无锡等地聘请杨金甫、朱子良、华盘发、王继勇、杨金裕等技术人员。村民王乃相负责供销，他长期奔

锅炉修造厂职工合影（1978 年）

波于河南省内外，保证原材料的供应和产品销售，筹建当年即生产出第一台锅炉。此后每年生产锅炉 20 台，利税 20 余万元，为集体积累资金，并培养一批技术人才。1980 年，因设备简陋，技术力量不足，加之国家宏观经济调控，锅炉修造厂关停。

1979 年冬，安乐寨大队筹建卷烟厂。从业人员 100 余人，厂长杨高祖、副厂长王立业、会计王志东。翌年春投产，年收入达百万元。1981 年，因国家整顿经济秩序、限制烟草生产而关停。同年，大队开办面粉厂。从业人员近 20 人，厂长王有礼、会计王京大。为附近 10 余个村的农户加工小麦，生产的面粉质量上乘，年收入 10 余万元。

1982 年，安乐寨大队投资 60 万元筹建安乐淀粉厂。从业人员 100 余人，厂长霍永奎，副厂长王立业、王建邦、牛天宝，会计王志东。日产淀粉 5 吨，后增至 10 吨，年利润百余万元。

1985 年，经西安市卷闸厂职工杨树仁（安乐寨籍）牵线，安乐寨村委会投资 40 万元创建温县卷闸厂。厂长杨洪武、副厂长王迎国、会计王立信，后领导班子调整为厂长王迎国、副厂长杨洪武。卷闸厂投产后，年实现利税近百万元。

1990—1993 年，安乐寨村相继筹建海绵厂、安乐床厂、安乐板材厂、螺钉厂。1993 年，成立河南省安乐轻工有限公司。王朝义任总经理，杨同山任副总经理。下辖温县卷闸厂、安乐淀粉厂、安乐席梦思床厂、安乐板材厂、车队、面粉厂。公司从业人员 500 余人，年产值 6000 余万元，年利润 400 余万元。

1990 年，安乐寨村党支部对卷闸厂领导班子进行调整，杨成祖任厂长，王梦歌任生产副厂长，蔚海敏任供销副厂长，王恒军任会计。调整后的领导班子，从产品结构、产品质量到产品生产销售等进行一系列改革。由手动卷闸改为电动卷闸，由普通卷闸升级到防火卷闸，由铝合金卷闸发展到钢质卷闸。生产规模不断扩大，由原来100多名安乐寨村民组成的员工增至含周边村庄村民的近300名员工。由于产品新、质量好，供不应求，产品畅销河南、山西、山东、河北、北京、湖北、陕西、内蒙古、甘肃、广东等10多个省、自治区、直辖市。年产值达500余万元，实现利税近200万元，不仅增加村集体和农户经济收入，更重要的是为全村培养出一大批专业技术人才，为村民就业及发展个体经济奠定坚实基础。温县卷闸厂因成绩显著，多次获得省、市、县表彰。1985年，温县县委、县人民政府授予温县卷闸厂“重合同守信用先进单位”称号；1989年，焦作市产品质量监督检验所授予“质量连年稳定，再攀新高峰先进企业”称号；1991年，温县轻工局授予“完成任务先进单位”称号，河南省人民政府授予省优质产品证书。

1993年，村民王晋武在温县县城创建温县五州震动器厂。从业人员50余人，年产值200余万元。1994年，村民王政、杨建国分别建白灰粉厂。赵占德在山西省大同市创建南郊区华丰卷闸厂，后又率其子赵宏亚、赵宏非创建消防产品责任销售有限公司3个，销售额达千万元。1999年，村民路绪岭租集体土地15亩，开办美廉家具厂，从业人员20余人。规模逐年扩大，利润逐年增加，“美廉家具”成为温县、孟州的名牌产品。

1995年后，安乐寨村集体企业在经营、管理、技术等方面弊端日趋明显，经济效益下滑，村化工厂、板材厂、螺钉厂相继关停。1999年，安乐淀粉厂因经营管理、环境污染等问题关停。

2000年，村民杨麦仓在温县县城创建河南永安防火卷帘门窗有限公司。从业人员170余人，年产值达2000余万元。2003年，村民杨嘉宾租用原淀粉厂仓库办面粉厂，王梦柯在自家办鞋业加工厂。村民杨希威租用原淀粉厂的厂房，开办焦作市安乐铸件有

安乐寨村的河南省温县卷闸厂（2000年）

限公司，铸造汽车配件，从业人员20余人。2004年，村民杨忠实在郑州购置土地30亩，创建郑州光大消防科技有限公司，后更名为郑州光大百纳科技有限公司，生产加工防火卷帘门窗及消防产品。从业人员200余人，年产值2000余万元。后在温县工业集聚区建河南太极门业有限公司，占地面积270余亩。2012年，村民王东三投资200万元，在温县番田镇工业区创建河南东浩门业有限公司。

2020年，安乐寨村规模经营实体57家，从业人员1000余人。特别是卷闸门系列产业成为安乐寨一大支柱产业，此系列实体发展到10余家。全村半数以上农户从事这项工作，年产值达2亿元，实现利税6000多万元。

◉ 社会发展

党建引领

抗日战争时期 1919年五四运动之后，反帝反封建的爱国主义思想在温县传播。大革命失败后，温县籍学生中的共产党员回乡开展革命宣传活动，为中共温县党组织和乡村基层党组织的建立奠定思想基础。

1938—1939年，在党的宣传及进步思想影响下，安乐寨村民王乃大、王崇道奔赴延安参加革命。在温县完小上学的王景洪参加共产党组织的“抗日读书会”活动，接受抗日救国的进步思想教育。

1945年春，中共温孟县二区区委书记苏戈来到安乐寨村，并在村中秘密住下，宣传党的抗日政策，组建农会。苏戈秘密发展安乐寨村第一批党员3人：村民霍永星（小名霍水）、腊茹妈、莲花妈，成立秘密党小组。安乐寨村秘密党小组领导农会，组织安乐寨民兵配合县区武工队打击日本侵略者。

解放战争时期 抗日战争胜利后，安乐寨村秘密党小组在中共温县县委领导下，再次组建农会，建立村政权，进行反奸、反霸斗争，深入开展“减租减息”和“耕者有其田”运动。1946年10月，国民党反动派、还乡团来到温县，杀人放火，无恶不作，安乐寨村党组织带领广大群众打击国民党反动派的嚣张气焰，保一方平安。先后发展中共党员13人，其中女性3人。选送4位村优秀青年参加中国人民解放军。

1946年冬，国民党反动派的还乡团占领“温孟沁博”（温县、孟县、沁阳县、博爱县）解放区，中共温县县委开始组织干部、民兵向太行山转移。1947年初，安乐寨村农会主席霍永星、妇救会主任腊茹妈、农会干部莲花妈未及时转移，惨遭杀害，苏戈在与国民党军队作战中被捕牺牲。安乐寨村秘密党小组遭到严重破坏。

1947年4月，解放军占领温县，整个温县获得解放。霍永星、腊茹妈、莲花妈被追认为革命烈士。上级党组织派联络员崔小豹、杨庆驻安乐寨村，建立党组织——安乐寨村政治部，再次组建农会，发展杨文江、杨化山、王晋道加入中国共产党。杨文江任村政治部政治委员（相当于党小组组长）兼农会主席，杨化山任民兵队队长。党小组、农会领导村民、民兵同反动势力进行斗争，保卫革命胜利果实。安乐寨村青年王行善、王洪道、王同义等参加中国人民解放军。

中华人民共和国成立初期 1949年11月，安乐寨村党组织公开活动，村政治部改称党支部。1949年冬至1950年春，村党支部认真贯彻政务院颁布的土地改革政策，划分阶级成分，分房分地给贫下中农，并颁发土地房产证。巩固新生政权，恢复生产，并发展党员7人，其中女党员1人。

1950年抗美援朝战争开始，安乐寨村党支部带领广大农民群众恢复生产，组建支前服务队，以实际行动支援前线，动员村内5名青年王丰昭、霍永富、杨益堆、杨福军、王跟上参加中国人民志愿军，奔赴朝鲜抗击美国军队的入侵。1951年，村党支部发动群众配合温县人民政府开展镇压反革命运动，巩固新生革命政权。1953年组建由村民参加的初级农业合作社6个，入社250户。而后成立安乐寨高级农业合作社（时称集体农庄），农村土地归集体所有。

1955年4月，成立安乐寨高级农业生产合作社（时称集体农庄），村土地归集体所有。1957年7月，安乐寨高级农业生产合作社包括安乐寨、上苑、护庄三个农业合作社。

人民公社时期 1958年，农村实行人民公社化，安乐寨大队党支部领导社员大干快上，发展农业生产。三年困难时期，大队党支部解放思想，下放自留地、饲料地，倡导瓜菜代，抵制浮夸、冒进等“左”倾路线，平安渡困，无一人讨荒、要饭、因饥饿丧生。

1963年之后，安乐寨大队党支部、大队带领社员排涝治碱、打机井、购置水泵，解决部分农田排灌问题。粮食产量由亩产量50余千克增加到100余千克，生产条件得到提高，社员的生活水平得到改善。通过集体办电，农户家家用上电灯。老蟒河以北土地逐步实现电机灌溉，粮食亩产量由原来的100余千克增加到200余千克。

1970年之后，大队党支部带领广大群众开挖济水河、安辛涝河，排涝治碱，改良土地400余亩，变旱田为水田200余亩。同时，为解决农田灌溉问题，打机井35眼，铺设地下管道2000米。在此基础上，村党支部积极响应上级号召，集资数万元，架设高、低压线路，农户家家用上电灯，田间开始用机电灌溉。由于农业生产条件改善，粮食亩产大幅增长，由中华人民共和国成立初的100余千克提升到300余千克。

1975年，由安乐寨村在外工作的杨益彬牵线，大队党支部带领群众多方筹资，建安乐锅炉修造厂，开村办集体企业之先河。同时又自购配件，组装“解放牌”汽车1辆，锅炉修造厂的建造，为村办企业的起步和发展奠定了基础。其间，发展中共党员32人，其中女性7人。

改革开放以来 国家实行改革开放后，安乐寨村党支部、村委会领导村民大力发展村办企业，先后创建面粉厂、卷烟厂、淀粉厂、席梦思床厂、卷闸厂、螺钉厂等，村域经济走上快速发展之路。在发展集体经济的同时，村党支部积极推行多种经营模式，鼓励扶持发展个体经济，短短几年时间，全村以卷闸门业为主导产业的经营体达57家。1981年冬，村筹资修建生活用水供水塔，网格化铸铁管道通往农户家庭，从此，安乐寨村民告别了担水、挑水吃的历史，全部用上自来水。1983年，全村实行家庭联产承包责任制，极大地调动了农民生产积极性。

1988年，村党支部调整工作思路，农业方面，进一步巩固完善土地承包责任制，科技创新，搞好机耕、灌溉、播种、收割于一体的一条龙服务体系。1992年，党支部通过多渠道筹资百万元，建成温县闻名的高标准现代化学校，占地面积14674平方米，建筑面积2160平方米，新型标准化学校的建成，彻底改变了村办学条件。为挖掘、弘扬司马文化，在村党支部积极努力统筹协调下，1994年9月4日，温县司马懿研究会在安乐寨成立。1998年，杨成祖（1998—2019年任安乐寨村党支部书记）带领党支部对村里的8家企业进行改制，引入资金对村办龙头企业温县卷闸厂进行升级改造、改制，鼓励发展个体经济，使村民逐渐致富。同时，党支部调整工作思路，巩固土地承包经营责任制，搞好科技、农机、灌溉、收割服务；推行多种经营模式，鼓励扶持发展个体经济。党支部、村委会积极争取国家新农村建设项目资金，加大基础设施建设力度，再次进行农村电网改造，安装有线电视，拓宽街道。改革开放以来，村党支部集中精力谋发展，全村发生了翻天覆地的变化，人均年收入达6000余元，成为县、乡闻名“先进村”。其间，发展中共党员42人，其中女性5人。

2000年后，安乐寨村党支部、村委会领导村民完善家庭土地承包经营责任制，积极引导土地流转，加大农业投入，争取国家农田基本建设项目资金，对农田进行改造。转变村集体企业经营机制，大力发展个体经济，使全村的经营实体达 57 家，其中规模企业 12 家，社会总产值及人均年收入逐年增加。注重民生，多次进行电网改造，保证村民用电质量，在温县率先完成“安全饮水工程”。注重美丽乡村建设，整修、拓宽街道，使村容村貌焕然一新。发掘、弘扬司马文化，创建村文化大院、兄弟书屋、村史馆等，惠及乡里。

党的十八大以来 党的十八大召开以来，安乐寨村党支部在习近平新时代中国特色社会主义思想指引下，以党建为引领，牢记初心使命，坚定理想信念，沿着党的十八大路线，为实现人民对美好生活向往不懈努力。

抓好党的建设。安乐寨村党支部坚持“三会一课”制度，即每月 1 日为党员活动日，认真开展“主题党日”主题教育活动，支部书记带头上好党课，并在全体党员中开展比学习、比纪律、比表率作用等“三比”活动，通过上述学习活动的开展，党的建设取得明显效果，村党支部连续多次被评为“先进党支部”。特别是在 2018 年第三季度全市党建示范观摩评比中，荣获第一名，被中共焦作市委组织部授予“五星级基层党组织”称号。2019 年，被中共焦作市委组织部授予“十佳先进基层党组织”称号。党支部书记杨成祖多次被温县县委评为“优秀共产党员”，当选县多届党代表、人大代表。

安乐寨老党员在三夏期间自愿参加禁烧活动（2015 年）

实施乡村振兴。安乐寨村党支部向上级争取农业项目资金 105 万元，用于加大农业建设，党的十八大以来，新打机井 45 眼，铺设地下灌溉管道 2.5 万米，推广节水灌溉面积达 1000 余亩。实施 3 次农网改造，新增台区 9 个。着力推进土地流转，面积达 90% 以上。由于上述措施，粮食产量逐年提升，由改革开放前的亩产 300 余千克，实现突破吨粮。农业增效、农民增收，村年人均收入由党的十八大前的6000余元增加到2.6万元。在加大农业投入的同时，大力实施乡村振兴，对全村大小 15 条街道进行拓宽、新修、重修路面硬化。安乐寨村街道新格局形成，道路宽敞，街道美化、亮化，居民宜居环境大大改善。

发展文化、旅游事业。安乐寨村党支部书记杨成祖经过努力，先后争取项目资金 300 余万元，筹建兄弟书屋、司马故里展览馆、村史馆、杨碾旧居、扩建司马懿广场、新建安乐寨村文化活动中心等。村党支部以兄弟书屋、司马故里展览馆、村史馆、杨碾旧居等为平台，向村民及社会各界人士进行廉政、家训、家风教育达 10 万人次。村里还修建了卫生室、供水场、垃圾处理场等。2016 年 4 月，杨成祖家庭获第二届全国“书香之家”，2018 年获得“焦作市廉洁家庭建设创新奖”，2019 年获“河南省最美家庭”。

2016 年，杨成祖家庭获评第二届全国“书香之家”称号

2018 年，杨成祖家庭获焦作市廉洁家庭建设创新奖

抓好精神文明建设。安乐寨村党支部教育广大村民守规矩、懂法律、讲文明。坚持每年开展评选“双文明家庭”“道德模范家庭”“好党员”“好媳妇”“好丈夫”“好乡贤”等活动。为提高村民文化素质，村委对当年考入二本以上的高校学生每人奖 1000 元，对考入温县第一高级中学的学生每人奖 500 元。此外对 80 岁以上老人，每人每年补贴 100 元。

安乐寨村便民服务中心（2018 年）

抓好精准扶贫工作。脱贫攻坚是党中央重大战略部署，也是一个浩大的社会工程。安乐寨村党支部高度重视扶贫工作，精准定贫，精准施策，并多次召开会议，要求全体党员对接帮扶，使贫困户早日脱贫。安乐寨村建档立卡贫困户 11 户 30 人，生活困难、享受低保户 36 户 69 人，“五保户” 4 户 4 人。通过 3 年时间的工作，全村建档立卡 11 户贫困户已实现脱贫，其他困难户、“五保户” 得到了妥善解决。

加强黄河流域生态保护和高质量发展。2019 年 9 月，习近平总书记视察河南，并发表了重要讲话。安乐寨村党支部高度重视，多次召开会议，教育广大村民以实际行动爱护母亲河，保护母亲河，不损河道、不挖河沙、不污染河流。引导群众利用房前屋后、田间地头等空闲地多栽树，据不完全统计有 20 万株。努力打造村全域旅游胜地，修复古城墙，开发司马懿转兵洞等。

2020 年，村党支部在抗击新冠战役中，号召全体党员冲锋在前，日夜战斗在抗疫第一线。广大党员、干部、群众为抗疫积极主动捐款捐物达 2 万余元，特别是 88 岁的老党员王建中每天开着自家三轮车，走街串巷宣传防疫知识，连续坚持 2 个多月，风雨无阻，受到县乡通报表扬。

安乐寨村党群服务中心（2020 年）

社会事业

教育 清光绪二十五年（1899），安乐寨村民王玉珍、王玉玲兄弟考中秀才，分别被录为增生、廪生。光绪三十三年（1907），村籍举人王豫修为首任温县劝学所所长。光绪三十四年（1908）二月，在王玉珍、王玉玲、王豫修的积极争取下，温县公立高等学堂在安乐寨村创办。该规模的学堂在温县仅有 2 所，学堂有教员 2 人，学生 27 人。学制为初小五年，高小四年，初小教材以《三字经》《百家姓》《弟子规》为主，高小教材以“四书”“五经”为主。从高等学堂毕业的学生中，王命三、杨恒毓、王朝璧中举，王文焕、王恒毓、王文郁（后任中华民国众议院议员）考中岁贡。

1912 年，安乐寨村建初级小学，校址在关帝庙，占地 12 亩，租金 30 银圆（大洋），地亩捐（税收名称）30 银圆。1927 年，温县第五区在安乐寨设立区立小学。1930 年，安乐寨村建女子小学，占地 8 亩，温县教育局资助 96 银圆。1931 年，安乐寨村杨氏第十九世孙杨团一在杨家庙筹资建杨氏小学。安乐寨村的 4 所学校中，每所学校有教员（先生）2 ~ 4 人，在校学生 10 ~ 40 人，所开课程为《三字经》、《百家姓》、《弟子规》、“四书”、“五经”等。抗日战争胜利后，增设国语、算术、大字等课程。上课形式多为复式班，学生多为富家子弟，穷家子弟则无财力上学。此外，村民杨守初、杨燕堂、霍大顺 3 人还开办 3 所私塾，少数富家及士绅多礼聘秀才或读书人到家里教授子弟。民国时期，安乐寨村初小毕业学生287人，高小毕业学生176人。部分高小毕业学生先后考入初中、高中，17人考进高等学府。

中华人民共和国成立后，在安乐寨村杨家庙内设立安乐寨小学，共有4个年级，每个年级1个班，共4个班。有教师4人（张玉玺、崔居安、杨修吾、王兰芳），学生40余人，教学方式为常规班和复式班相结合。课程有启蒙读物、语文、算术、修身、体育、音乐、图画和大字，学校负责人张玉玺。

1952年，开展全民扫盲工作，安乐寨村通过办冬学、民校、夜校等鼓励、指导村民读书识字，学习文化。采取“几人教”“全民学”“社包队”“队包组”“组包人”的措施，层层包教包学。一些有文化的人手持小黑板走到街上、走到田间地头教人认字。教学方法有单字加偏旁、部首识字法、同音字教学法、速成算术教学法、速成识字法等。扫盲工作受到村民欢迎，被描述为“学校钟声响、村村变学堂，学员们书不离手，字不离心，人人都学习，个个读书忙”。1958年9月，大规模的群众扫盲工作结束，安乐寨村参加学习人数655人次，脱盲人数达300人。

1958年11月，温县86所学校合并为61所，上苑小学、护庄小学合并到安乐寨小学。学校有教师10人，学生180人，负责人梁自禄。安乐寨大队选派杨文定、王振毅等有文化、有教学经验的村民到学校任民办教师，所在生产队为他们记工分，国家每人每月发给4～8元的生活补贴。由于学生人数多，原杨家庙教室不够用，后分别在杨益鸿、杨朝祖家中设立分校，课程按照国家统一规定设置。学生在校吃、住、学习、劳动，称“四集体”。由于学生年纪小，生活不能自理，影响正常教学，1959年“四集体”管理废止。随着村民人口不断增加，学生人数逐渐增多，原杨家祠堂不能容纳。1965年春，新学校在村西北隅动工，1966年2月竣工。占地20余亩，房屋75间，安乐寨、上苑、护庄、单庄、小营、古城6个村的学生入校就读，年级由4个班扩为6个班，初小4个班，高小2个班，学校更名为安乐寨中心学校，李存惠任校长，全校有教职工13人，学生240余人。

1968年11月17—24日，《人民日报》发表关于侯振民、王庆余建议“农村公办小学下放到大队来办”的报道。根据这一精神，安乐寨大队在外工作的教师全部回村任教，公办小学下放到大队来办，实行贫下中农管理学校。安乐寨大队派王应柱、杨运海作为贫下中农代表参与学校管理。根据“上初中不出大队”“上高中不出公社”的要求，安乐寨中心学校增设初中，被称为“戴帽中学”，学制为二年。小学学制也由六年改为

安乐寨村小学大门（2019 年）

五年，全校有学生 350 余人，教职工 20 余人，王景洪任校长。1976 年，学校在原有的基础上又增设高中班（1979 年停办）。

改革开放后，教师队伍得到充实，教师地位得到提高，学校教学质量进一步提升。根据温县教育局要求，依法推进九年义务教育，学校实行“一无两有”（无危房，有桌凳、有厕所）。1983 年，安乐寨中心学校更名为安乐寨村小学。1987 年 5 月，安乐寨村投入资金，村民投入工时，翻修和改造校舍 15 间，并提供电教设备，校舍得到改善。

1991 年，为彻底改善办学条件，安乐寨村党支部、村委会带领全体村民通过多种渠道，筹资近百万元动工兴建高标准现代化学校，1992 年竣工。新校占地 14674 平方米，主体建筑面积 2160 平方米。1992 年 9 月，全国集资办学现场会在河南郑州召开，各省、自治区、直辖市主管教育的领导到安乐寨村小学参观。河南省教委勒石立碑给予嘉奖，村籍名人、国务院研究室副主任王梦奎为村集资建校碑撰写碑文。1993 年 4 月，安乐寨村小学被焦作市教委、计委、财政局、农牧局授予“筹资办学先进单位”称号。1994 年 9 月，王景洪、王应植、王革线祖孙三代因均献身教育事业，被河南省中小学幼儿教师奖励基金会、河南省教育工会、海燕出版社、河南教育出版社等单位联合授予“河南优秀教育世家”称号，并颁发奖匾。王应植被河南省总工会授予“河南省优秀教育工作者”称号，并获五一劳动奖章。

1995 年 5 月，安乐寨村小学增设初中部，开始招收初中学生。初中部挂招贤乡第二初级中学牌子，有 6 个初中班，300 余学生，岳江胜任校长。2000 年，经考核合格，学校有 8 名民办教师转为国家正式教师。

2001 年，温县中学、小学重新布局，招贤乡第二中学合并到招贤乡第一中学，上苑、护庄、小营、单庄村小学三年级及以上年级并入安乐寨村小学，学校有学生 200 余人、教师 13 人。2005 年，随着生源的减少，上苑、护庄、小营、单庄小学撤销，一、二年级学生全部合并到安乐寨村小学。

2005 年，村民牛怡租用安乐寨村小学场地，创办蓝天幼儿园，入园幼儿 200 余人。

2009 年，蓝天幼儿园由学校代管。

截至 2020 年，安乐寨村小学累计毕业小学生 2000 余人。毕业后继续求学达到初中学历的有 1560 人，初中毕业后考上高中的 440 人，高中毕业后考上大专及以上学历的 300 人。

文化 明清时期，安乐寨村有唱大戏的传统。演戏、看戏成为村民最主要的文化活动。此外，部分村民喜欢高跷、旱船，农闲时为大家免费表演。喜欢书法、国画的村民，在办红白事时为主家写请柬、礼单等；在春节期间，为村民写春联、画门神。

1954 年 1 月，安乐寨村成立业余剧团，有 30 人参加。长期为村民服务，编排、表演戏曲。

改革开放以来，为丰富村民的文化生活，安乐寨村建有文化活动室，多次组织村民举办文艺活动。1980 年，安乐寨村成立腰鼓队、高跷旱船队等，有近 300 人参加排练、演出。

安乐寨村小学举办文体活动（2012 年）

安乐寨村民参加文艺活动（组图）（2019 年）

1985 年，安乐寨村组建军乐队，队员 40 余人，均由各家村办企业选派，王荣善、杨同山先后任队长，有大号、小号、鼓等乐器，节日期间为村民表演。1991 年，因多个企业停产关闭，军乐队宣布解散。

1995 年，温县实施农村小康文化中心建设工程，安乐寨村积极参与，建有图书馆、阅览室以及文体活动场所，成为建设小康文化中心的小康单位。

2007 年 7 月，在外工作的村籍知名人士王梦奎、王梦恕、王梦周三兄弟筹建兄弟书屋。2008 年 4 月，兄弟书屋举办揭牌仪式。兄弟书屋成为村里的一张文化名片，每年吸引各地人士前来参观、考察、学习。

2015 年，安乐寨部分村民在张素香的组织下，跳起广场舞，人员以中青年妇女为主，有 50 余人。她们就近在村中的司马懿广场、村委会大院等地跳舞。在村委会的组织、支持下，多次参加招贤乡、温县组织的广场舞比赛并获得奖项。

卫生 中华人民共和国成立前，由于贫穷落后，安乐寨村民患病不是祈祷神灵菩萨保佑，就是根据土方、土法自己治疗，仅有少数大户人家才能花得起钱请医生诊治。

中华人民共和国成立后，安乐寨村医疗条件好转，村里的郎中有杨应堂、杨占鳌、王修德、王文升、杨树奎、杨中山等。他们以单方、偏方、草药以及针灸为村民治病。

安乐寨村卫生室（2020 年）

1958 年，安乐寨大队设立卫生室，医疗条件大为改观。1969 年秋，实行农村合作医疗制度，成立大队合作医疗站。社员王修德、王明山、徐有福、霍同恩、霍保贤先后成为赤脚医生。社员在卫生室治病，交 1 角钱挂号费，医药费可报销 50%。

1980 年，因资金不足，卫生室改为只免门诊费和注射费。1983 年，土地承包到户，村医疗室由个人承包经营，只负责儿童防疫，村民的医药费完全自理。

2006 年，国家实行新型农村合作医疗制度（简称“新农合”）。凡参加“新农合”的农业人口，每人每年缴费 10 元，以后逐年递增，可报销部分医疗费用，很大程度上解决村民看病难、看病贵的问题。2006 年，村委会为提高村民投保积极性，每人每年补助参保费 5 元。2009 年，每人每年补助参保费增至 10 元，使村民参保率达 98%。2020 年，个人参保缴费提高到 250 元，基本实现医疗城乡一体化。村民住院治疗费乡级卫生院报销 70% ~ 90%、县级医院报销 70%，最高限额可达 13 万元。

体育 中华人民共和国成立前，安乐寨村没有成规模的体育运动。村民为了健身、娱乐，自制绳子、毽子、铁圈、高跷等一些简单的活动器材。农闲时在打麦场、空园地、庭院或大街上跳绳、踢毽、打弹弓、推铁圈、弹琉璃蛋、叨公鸡架、下象棋、踩高跷、捉迷藏等。

中华人民共和国成立后，毛泽东发出“发展体育运动，增强人民体质”的号召。安

安乐寨村篮球场（1990 年）

乐寨村体育活动逐步得到发展，学校体育纳入常规课程，配备专业体育教师，开辟教学场地，教学内容有篮球、乒乓球、跳高、跳远、单双杠、体操等，坚持实行“两课”（每周每班安排两节体育课）、“两操”（每天的早操、课间操）、“两活动”（每周每班安排两次课外体育活动）。

20 世纪 60 年代中期至 70 年代初期，安乐寨群众性的体育活动蓬勃开展，篮球成为较为突出的体育项目。篮球爱好者由少到多，由单一业余爱好到自觉组织篮球队。篮球爱好者利用农闲、周末、节假日到球场练传球、三步上篮等。活动场地由一个木桩安上篮球圈的半个场地变成有两个篮球架的标准场地。1986 年，安乐寨村兴建温县唯一村级水泥地面灯光篮球运动场。村业余篮球队多次到孟州市的沇河、南庄，温县的东城外、东口、南张伦、余村、招贤、马庄、大黄庄等地进行篮球友谊比赛，还邀请温县领

安乐寨村小学老师教学生打乒乓球（2010 年）

健身广场（2018 年）

健身室（2018 年）

导王德启、史绍文及孟州南庄球队、偃师县的青年队到安乐寨进行友谊赛。通过友谊比赛，既锻炼身体，又增进乡与乡、村与村的友谊。在外工作村籍人员王国军、杨洪亮、王崇高、王延大、杨国和等回乡探亲时也都加入比赛，他们既是参与者又是村篮球教练。篮球活动的开展，也带动村里象棋、乒乓球、拔河、台球等体育活动的开展。

温县的陈家沟村是太极拳的祖源地，太极拳活动有深厚的群众基础。1975 年，为推广太极拳，安乐寨大队聘请陈家沟太极拳教练陈英、陈爱英到大队部、安乐寨学校传授太极拳，太极拳大师王西安也亲临传授表演，促进安乐寨村太极拳运动的普遍开展。

2008 年以来，河南省体育局先后两次为安乐寨村配备体育健身器材，村民的体育活动更加常态化。

精神文明 安乐寨村素以民风淳朴闻名乡里，村民之间相互帮助，和睦友善。改革

村团支部召开团员大会（2012 年）

道德模范之家奖匾（2009 年）

开放以来，村委会重视精神文明建设，提高村民素质，倡导创建和谐文明家庭，坚持每年开展评选“双文明家庭”“好媳妇”“好婆婆”“好村民”“道德模范家庭”等活动。

2000 年，安乐寨村评出“好媳妇”2 名，其中林宝仙的事迹被温县电视台和《焦作日报》采访报道。2006 年，评出杨树仁、王保国、张竹青、杨洪振、王志东、王耐、杨国强、姬大好、谢桂花、杨秋先、王彪、王侯、王财旺、杨文清、杨文勇 15 户“双文明家庭”。2009 年度，评出杨洪振、王财旺、杨文勇、姬大好、姬春花、杨跃祖 6 户“道德模范家庭”。之后每年坚持评选道德及文明家庭。

2009 年 9 月，安乐寨村为开展“八荣八耻”教育，弘扬中华民族传统美德，掀起学习“感动中国、感动中原先进人物”高潮，在全村树起“至真、至善、至爱、至孝、促团结、求和谐”的良好社会风气，规范村民道德行为。经村民代表会议、党员大会讨论

安乐寨村村规民约（2019 年）

决定，制定《村民道德行为规范条例（草案）》。内容包括遵纪守法、热爱集体、敬老孝老、团结邻里、家庭和睦等内容，并包含奖励、惩戒措施。

2018 年 6 月，由安乐寨村党支部提议，村委会、监委会商议，村民代表大会通过《招贤乡安乐寨村村规民约》，共 13 条，成为村民的日常行为规范准则。

◉ 乡村建设

基础设施

饮水　明清时期，安乐寨村民用水需要用钩担担着两个空水桶到水井旁边，先用辘轳绳把水桶放进井内，然后一圈一圈地绞辘轳，把装满水的水桶绞上来，最后把水担回家。

民国时期，安乐寨村有 6 眼水井，分别是东拐街井、东坑边井、西街北头井、二道街西头井、祠堂街王京大家井、祠堂街杨丰岭家井。6 眼水井的井口全部用蓝砖砌成。村里有“碾、磨、井，百家用”的说法，不管井在街上还是在村民家中，全体村民都可以前来免费打水。

中华人民共和国成立后，除了担水之外，少量村民家打有小压井。压水省时省力，比到井上用辘轳绞水、担水方便许多。

1981 年冬，安乐寨村内修建供水塔，铺设管道等自来水设施，村民吃上自来水，彻底

安乐寨村供水站（2020 年）

告别担水吃的历史。村里规定：村民生活用水的费用全部由村委会负担，对村民免收水费。

2000—2007 年，安乐寨村为改善吃水条件，先后投资近 20 万元，打出 3 眼深水井，保障饮水水源的充足；接着实施饮水改造工程，投资兴建安乐寨村水厂，保障村民的供水服务。2008 年，安乐寨村“安全饮水工程”竣工后，村民吃上更加洁净、卫生的自来水。

安乐寨村电力设施（2020 年）

电力 中华人民共和国成立前，安乐寨村民照明用黑油（棉籽油）灯、蜡烛。

中华人民共和国成立后，村民改用洋油（煤油）灯，唱戏、开会等公众场合用台式罩灯或汽灯。

1966 年，安乐寨大队架设电线，并安装 1 台 30 千伏变压器，村民开始用上电灯。此后，电力服务农业生产，逐步实现灌溉设施的机、电双配套，变村内旱田为水浇地。

因电力供应紧张，偶尔会有停电现象。20 世纪 80 年代，随着村办企业的增加，村中用电量猛增，村委会和村办企业投资购买、安装多台变压器，村民家中开始使用日光灯。

2000 年后，电力供应充足，不再出现停电现象，各类家用电器相继进入寻常百姓家中，村民生活用电量猛增，村中再次购买变压器，确保村民用电。2020 年，安乐寨村共有 15 台 200 千伏变压器，可保证全村农户、企业的生活、生产用电。

通信 中华人民共和国成立后，招贤镇设立邮电所，投递员靠步行向各村传递邮件。20 世纪 60 年代发展为骑自行车传递，90 年代骑摩托车传递。村民与远方亲友联系主要靠信件，紧急时到邮电所发电报。

1953 年，温县为安乐寨村办公室配置 1 部手摇电话机。20 世纪 70 年代，安乐寨村锅炉厂安装 1 部电话。1985 年，村办企业快速发展，温县电信局在安乐寨村开设农话总机交换点，村内 7 个工厂各装电话机 1 部。1993 年，村委会一次性投资 10 余万元，淘汰掉老式电话机，安装程控电话 10 余部，并购置“大哥大”（移动电话）3 部，开温县移动通信的先河。

1995 年，温县电信局为推广程控电话业务，实行每部补贴 150 元的优惠政策。安乐寨村一次性安装程控电话 100 部，每部初装费由 1993 年的 1 万元降至 150 元，程控电话进入寻常百姓家，安乐寨村率先成为温县的“电话村”。

2008 年以后，程控电话、手机、电脑等普遍进入村民家中，电子邮件代替纸质信件，手机的交流沟通更加方便快捷。2020 年，安乐寨村有固定电话 400 多部，手机几乎人手一部。

道路

村内道路 晋代，安乐寨村为温县县城所在地，街道宽阔、平直。主要街道有东西 4 条、南北 2 条，排列整齐，走向讲究，并有马道，方圆百里罕见。此后，村内街道一直沿用。

改革开放后，因安乐寨村集体经济实力较强，村历届领导班子对基础设施建设十分重视，先后多次投资对街道进行整修及道路硬化。

1985 年，安乐寨村开始第一次硬化道路。先后投资 60 万元，对东大街、西大街、祠堂街、二道街、后街实施硬化。后对马道街、马道南街、北后街、东拐一街、东拐二街、西门外一街、西门外二街、南门外一街实施硬化。1998 年，对村内主要街道全部进行硬化，彻底解决村民“晴天一身土，雨天两脚泥”的问题。

安乐寨村内道路（2018 年）

安乐寨村道路（2020 年）

2004 年，根据村内第一次硬化的道路出现不同程度裂缝凹陷的情况，安乐寨村村委会相继投资 76 万元对东大街、祠堂街、西街、后街、二道街等主要街道进行拓宽改造，并整修铺设各街的下水道。为此拆迁临街房屋 60 余间，每间补贴拆迁费用 300 元。拓宽改造后，祠堂街路面宽度由 4 米拓宽改造为 10 米；西大街路面宽度由 3 米拓宽改造为 5 米；后街路面宽度由 3 米拓宽改造为 6 米。每条街道两边均栽上绿化树，实现街道宽敞、亮丽。

村外道路 明清时期，温县至孟县的“官路”东起温县县城，西至上苑村猪龙河桥进入孟县（现孟州市），途经安乐寨村北部。因“官路”为土质路面，雨天行走很不方便。

中华人民共和国成立后，“官路”改称温孟公路，为方便群众出行，温县开始整修道路。1956 年，温孟公路初次整修为石砂路，路面宽 8.3 米。1974 年，温县对温孟公路进行拓宽取直。1975 年，温孟公路铺成柏油路。此后，温县又多次进行路面拓宽整修，使

安乐寨村房屋鸟瞰（2019 年）

安乐寨村民出行更加方便。

2000 年以来，温县实施道路“村村通”工程，安乐寨村与周边村庄的道路逐渐修筑完成，并全部硬化。2006 年，安乐寨村至单庄、安乐寨村至护庄的道路拓宽、硬化工程竣工。2019 年，安乐寨村争取道路项目扶持资金 43 万元，对连接外村的道路进行整修、硬化。

住房建设 清朝初期，安乐寨村的房屋多为普通的民房。坐落在祠堂街的杨家庙、王氏族祠建筑规模较大，建筑精美。杨家庙位于祠堂街东，坐北朝南，分正侧两院。正院有门楼、前殿和后殿。前殿屋顶为拱形结构，门楼和后殿屋顶上有五脊六兽。门前有石雕栅栏相围，院内古柏常青。据传，杨姓第四世传人杨四因治水功高，被皇帝敕封为“将军”“元帅”“镇东侯”，赐銮驾、金瓜钺斧等。王氏族祠亦坐北朝南，屋高院深，雕梁画栋，古柏常青，并有晚清三代帝王师李棠阶书写的“王氏宗祠”门匾。

清嘉庆、道光年间，安乐寨村富裕大户竞修宅院，最豪华的是东大街的王宅，并排有 3 处三进院。每院长 60 余米，宽 10 米余，每院有房屋 10 所。主院（现兄弟书屋）上房屋顶有五脊六兽。每逢家中有大事，即大开中门。此外，东拐街的杨宅和二道街的王宅也都是三进院，五脊六兽，隔扇门窗。

民国时期，安乐寨村民居大部分为四合院，一院住两三户人家。民房多为砖基土木结构，砖基高 60 ~ 120 厘米，宽 50 ~ 70 厘米，内空，填废砖瓦块。墙体用土坯砌成，下宽上窄，高丈许。建房时，先立木架，再砌墙，将木架完全包裹在墙体内，木架各部件连为一体，称之为“四梁八柱”，有较好的抗震功能，俗称“墙倒屋不塌”。富门大户的宅子大，墙基高，檐头高，梁檩粗，屋顶铺方砖抹泥青瓦。室内多棚木楼板，称“通棚楼”。普通人家砖基低，檐头矮，梁檩细，屋顶不铺方砖而用箔（用高粱秆编织而成），然后铺青瓦，称“箔瓦房”。有的干脆将高粱秆扎成七八米长，一搂粗的草把棚在檩条上，然后抹泥铺青瓦，称“草把房”。赤贫者盖房则为四周土墙，用茅草、泥土盖房顶。

改革开放以来，安乐寨村农业、工商业得到发展，村民生活改善，富裕起来的村民迫切需要改变居住条件。村党支部为节约耕地，填平寨壕为村民划宅基地，陆续开通南马道街、东拐一街、东拐二街、城西一街、城西二街。1986 年，村委会开始对主要街道进行规划，东西街增加到 8 条，并在温孟公路边规划商品街 1 条。村民按规划线盖起楼房，每栋楼房村委会补助 1000 元，16 户村民第一批盖起二层砖木水泥板结构的楼房。2000 年，大部分村民家中建起 2 层楼房。

2004 年，9 户村民在商品街盖起统一式样的三层钢筋混凝土结构楼房，成为安乐寨村的新亮点。2020 年，安乐寨村近 500 户村民中，建 2 层楼房的有 400 余户，建 3 层楼房的有 10 余户，建 1 层楼房的有 10 余户。

环境卫生

改厕 20 世纪 90 年代之前，安乐寨厕所全部为旱厕。1991 年，为了改善卫生条件，温县政府拨付款项，倡导、支持各村改建厕所，安乐寨村积极响应。1991—2020 年，安乐寨村争取改厕资金 12 万元，先后 3 次对农户进行改厕工作，有 35 户改为“双瓮漏斗式”厕所、425 户改为“双池式厕所”。

垃圾处理 2000 年之前，安乐寨村各户的垃圾由家庭自行处理，一般家庭都把垃圾

干净整洁的村中道路（2017 年）

倒进粪堆，用来积肥。街道上的垃圾基本属于随处乱扔，无人管理。

2000 年，为了美化环境，防止传染病发生，保障村民身心健康，村委会对村民进行文明、卫生教育。发出“安乐寨是我家，整洁清洁靠大家”“不乱丢垃圾，不随地吐痰，不乱写乱画”“勤扫地，勤洗涮”的倡议，以创造良好的卫生氛围。2004 年 4 月，为解决垃圾存放问题，安乐寨村投资在老蟒河桥边建垃圾掩埋场 1 处，占地 5336 平方米。安排保洁员专门清理生活垃圾，每年投入上万元用于生活垃圾清理。各家设垃圾桶或垃圾筐，保洁员定期上门清倒垃圾，从而杜绝垃圾乱堆、乱放、乱倒的现象。2019 年，安乐寨村环境卫生工作实行公司化运作，统一配置标准垃圾箱、垃圾清运车，并选派 4 名保洁员实现岗位责任制，实现垃圾天天清扫、清运的长效机制。

绿化美化　2007 年 4 月，安乐寨村投资近万元，购置多种绿化树，美化街道环境。2010 年，安乐寨村为美化街道，投资在每户村民临街的院墙外建起 0.6 米高的砖砌围栏，并配发红叶梨树苗、女贞树苗。村民在围栏内除了栽种红叶梨树、女贞树外，还种菜或种庄稼、花木。村内街道两边基本达到三季有花、四季常青。

2016 年，因有些村民反映女贞树不能结果，不实用，安乐寨村委会便投资购买石榴树、柿树幼苗发给村民，在围栏内栽种。几年后，这些果树便开花结果，成为村中一景。

村民家门口的围栏（2020 年）

司马氏故里

安乐寨村作为司马故里，是司马氏家族的长期居住地。安乐寨村留下众多有关司马氏家族的文物古迹、传说故事等。面对丰富的历史文化资源，安乐寨村积极挖掘、传承司马氏文化，创办温县司马懿研究会，兴建司马懿广场、司马故里展览馆，并把司马懿得胜鼓、司马懿传说申报为省级非物质文化遗产。

◉ 司马氏与安乐宫

司马懿首建安乐宫 三国时期，魏青龙三年（235），司马懿迁太尉。司马懿在故乡的旧居附近建大型宅院式建筑群，名曰“安乐宫”，安排其家人在此居住。并在安乐宫西部筑土为山，名曰“太平山”，供其家人在山上游玩，登高望远。据民国《温县志》载：“安乐寨，在温为最古，系晋宣帝所筑，相传为其故宅……太平山，在县治西南二十六里安乐寨小西门里，晋宣帝筑，基址尚存。”

司马昭扩建安乐宫 魏咸熙元年（264），司马懿次子司马昭被封晋王。司马昭认为故乡安乐宫一带南邻黄河，西环济水，北依太行，位置险要，风水绝佳，可为帝王都。

司马昭便以安乐宫为中心，修建第一道城墙（又称内城），以保护安乐宫。接着，以安乐宫为中心在更大的地域上又修建第二道城墙（又称外城）。因两道城墙为晋王司马昭所建，故城墙及其所围区域被称为晋城或晋王城；因城墙用黏土夯筑，坚如石板，又称板城。

晋城的内城为安乐宫，是王妃和家眷居住的地方。外城面积 10 余平方千米，内有供王公嫔妃游乐的花园——上林苑（后演变为上苑村），园内有假山、湖泊，亭台楼阁，

安乐宫图（2018 年）

古济水自西侧流过，可乘船游玩；占地几十亩的梨园（后演变为梨园村），是文化娱乐场所；司马家族祭祀祖先的房子，晋王曾在此祭祀天地社稷，很多年后，有人把房子改为佛堂，逐渐演变为禅房村；司马氏招纳贤才的驿馆，后演变为招贤村，司马族人习武狩猎的场所，后演变为辛庄村；守卫晋王城军队的驻地，后演变为护驾庄，简称护庄；驻军练兵、点校的营地，后演变为校营村，现称小营村。

◉ 司马家族

司马卬 战国时期赵国著名剑客司马蒯聩的后人。秦朝末年，司马卬曾担任武信君武臣的部将，率军攻占朝歌（现河南省淇县）。

巨鹿之战后，“时赵别将司马卬方欲渡河入关，沛公乃北攻平阴，绝河津”（《汉书·高帝纪》），跟随项羽入关。秦二世三年（前207），秦朝灭亡，司马卬因平定河内，屡立战功，于是项羽分魏国土地为西魏、殷两国，封司马卬为殷王，王河内，都朝歌。

司马卬王河内，故后人多居河内温县一带，被尊为温县司马氏家族的始祖。

司马防（149—219），字建公，河内郡温县人。东汉大臣，颍川太守司马儁之子，司马懿之父。

耿直公正，颇有威仪。爱读《汉书》，讽咏数10万言。年轻时，起家郡官，历任洛阳令、京兆尹，多次赞扬曹操并加以举荐。年老后，转拜骑都尉，养志自守。

司马防生有八子，依次为司马朗（字伯达）、司马懿（字仲达）、司马孚（字叔达）、司马馗（字季达）、司马恂（字显达）、司马进（字惠达）、司马通（字雅达）、司马敏（字幼达），因每个儿子的字中皆有一“达”字，人称“司马八达”。司马防对待儿子很严格，即使儿子弱冠成人后，也要求“不命曰进不敢进，不命曰坐不敢坐，不指有所问不敢言”。后八子皆成大才。

司马懿

东汉建安二十四年（219），司马防去世，终年71岁。

司马懿（179—251），字仲达。河内郡温县人。司马防之次子，“司马八达”之一，西晋建立后被追谥晋宣帝。

司马懿一生为曹魏出谋划策，南征北战，他注重发展经济，倡导搞军屯制；在军事上颇有谋略，打过很多胜仗；在政治上反对浮华，重用有真才实学，能办事的人。被后世评价为军事家、政治家和谋略家。《三国演义》一书作者受正统观念的影响，把司马懿写成奸臣，造成负面影响。为还原司马懿的真实历史面貌，毛泽东等曾对司马懿作出公正的评价。

司马懿在温县一带影响很大，传说故事很多，有关司马懿的景点也很多。2007 年，司马懿得胜鼓入选河南省非物质文化遗产名录。2020 年 2 月，司马懿传说入选河南省第五批非物质文化遗产名录。

司马昭（211—265），字子上，河内郡温县人，司马懿次子，晋武帝司马炎之父。

司马昭

司马昭早年随父抗击蜀汉，多有战功。累官洛阳典农中郎将，封新城乡侯。三国魏正元二年（255），继兄司马师为大将军，专揽国政。魏甘露五年（260），魏帝曹髦被弑杀，司马昭拥曹奂为帝。魏景元四年（263），分兵遣钟会、邓艾、诸葛绪三路灭亡蜀汉，受封晋公。次年，受封爵晋王，遂在故乡以安乐宫为中心修建晋城。

魏咸熙二年（265），司马昭病逝，年 55 岁，葬于崇阳陵。数月后，其子司马炎代魏称帝，建立晋朝，追尊司马昭为皇帝，谥号文帝，庙号太祖。

司马炎（236—290），字安世，河内郡温县人，司马懿之孙。晋朝开国皇帝（266—290 年在位）。

司马炎

司马炎初封北平亭侯。后授中抚军，进封新昌乡侯，拜抚军大将军、晋国世子。三国魏咸熙二年（265）八月，其父司马昭去世，司马炎继承晋王、相国官爵。十二月，司马炎逼迫魏元帝曹奂禅让，即位为帝，定国号为晋，改元泰始。

在位初期，革新政治，振兴经济。厉行节约，推行法治，颁行户调式，促进人口增长，使得经济社会呈现繁荣景象，史称“太康之治”。西晋咸宁五年（279），发动“晋灭吴之战”，实现全国统一。

司马睿（276—323），字景文，河内郡温县孝敬里（现安乐寨村）人。晋宣帝司马懿曾孙，琅琊武王司马伷之孙，琅琊恭王司马觐之子，东晋开国皇帝。

西晋建兴五年（317），在晋朝宗室与南北大族拥戴下，即位为晋王，年号建武。东晋大兴元年（318），正式即位，建立东晋，史称晋元帝。

东晋永昌元年（322），王敦之乱后，郁郁而终，时年 48 岁，葬于建平陵，谥号元皇帝，庙号中宗。

司马睿

◉ 司马氏遗迹

虢公台遗址 安乐寨村西有摩天岭，属于清风岭的一处高峰，紧邻猪龙河（古济水）。民国 22 年（1933）《温县志》记载有："摩天岭，在县治西南三十里上苑村西。沇水自北来，即于此处入蟒河。"

摩天岭上有座夯土台，坐北朝南，呈"凹"字形，是春秋时期虢公仲被晋国驱赶出虢国后，流落在此为会盟诸侯，以图复国而修筑的。虢仲曾率诸侯国集结的军队进攻晋国的曲沃时，在此检阅部卒，誓师伐晋。后人称此台为虢公台。

三国时期，魏景初元年（237），魏国的辽东郡（现辽宁省东南部辽河以东地区）太守公孙渊发兵反叛曹魏。幽州刺史毌丘俭进军征讨，遇连绵雨天 10 余日，辽水（辽河）大涨，受诏命而还。公孙渊遂自称燕王，置百官，称绍汉元年。魏景初二年（238）正月，魏主曹叡召太尉司马懿统兵远征辽东平叛。司马懿率领步骑 4 万，自京城出发，魏明帝亲自送出西明门。命其弟司马孚、其子司马师送过家乡温县，又命郡守、典农等地方官前往拜见。司马懿大军经过温县时，司马懿在虢公台上摆下盛大酒宴，宴请河内郡和温县的官吏，以及家乡的父老乡亲。众人宴饮累日，觥觥相交。他酒后兴奋，遂站在虢公台上慷慨赋诗一首："天地开辟，日月重光。遭遇际会，毕力遐方。将扫群秽，还过故乡。肃清万里，总齐八荒。告成归老，待罪舞阳。"此后，他告别父老，挥师远征。

虢公台遗址（2019 年）

经孤竹，越碣石，达于辽水。公孙渊得知魏军出动，十分恐慌，忙求救于东吴。孙权出兵遥为声援，并写信给公孙渊说："司马公善用兵，变化若神，所向无前，深为弟担忧。"不出司马懿所料，公孙渊果然派出步骑数万，屯阻于辽隧（现辽宁省海城北）。令大将卑衍、杨祚统领，坚壁而守，南北六七十里相连，以拒魏军。

民国时期，《温县志》（1933 年编纂）记载：景初二年，司马懿灭公孙渊，旋师过温，宴父老于虢公台，数日而去。魏景初二年六月，司马懿纵兵逆击，三战皆捷。卑衍被魏将夏侯霸斩于马下。敌兵溃败，狼狈逃窜。公孙渊退守襄平。司马懿挥军追赶，将襄平城包围起来。公孙渊据辽水拒守失败，转入襄平固守。司马懿即命军队合围，将襄平城围得像铁箍一般，并命将士筑起土山，登高俯击，发矢如雨，昼夜猛攻，又在城下挖地道入城。公孙渊只得孤注一掷攻突南面的包围圈，妄图逃命，结果被击败斩首。魏军进入襄平，乘胜平定辽东、带方、乐浪、玄菟四郡，然后班师回朝。

明代，温县（又称苏封）的官员、文人把县域的 8 个景点合称"苏封八景"。司马懿宴请家乡父老的虢公台被称为"虢仲高台"，成为"苏封八景"之一。明景泰年间温县知县虞廷玺创作有《虢仲高台》诗曰："携朋访旧世相违，美景闲游适翠微。虢仲尚留遗迹在，虞公何假并吞归。高台寂寞寒秋雨，古村苍茫带夕晖。此日登临倍惆怅，西风吹帽自忘机。"

中华人民共和国成立后，温县人民政府根据虢公筑台、司马懿贺酒的记载，在此地立"摩天岭虢公台贺酒台遗址"碑，为温县文物保护单位。

2010 年 10 月 25 日，《东方今报》发表首席记者李长需所撰写的文章《北伐留歌　司马懿的激昂感染乡邻》，介绍司马懿在虢公台吟诗的故事。

司马氏祖茔　安乐寨村西北约 7.5 千米处有太平庄，汉代为司马氏家族的墓地，司马氏家人去世后多在此安葬。

《晋书·惠帝纪》记载，晋永兴元年（304）八月，匈奴左贤王刘元海反于离石，败晋军于邺。惠帝逃返洛阳，仓促中未带银钱干粮，侍者从囊中寻出 3000 文钱，买得升余糠米及燥蒜盐豉，帝啖之。至温，将谒陵，帝丧履，纳从者之履，下拜流涕，左右皆歔欷。及济河，张方帅骑三千，以阳燧青盖车奉迎……

晋惠帝所谒之陵即司马氏家族的祖茔。两晋之后，司马氏逐渐衰败，墓地逐渐缩小。后来仅剩三座大冢鼎足而立。其中，最大的一座冢高约 10 米，基围约 108.3 米。太平庄因有此三座陵墓，更名为三陵村。

司马懿祖茔（2011年）

古晋城遗址　三国时期，司马懿在故乡的旧居附近建大型宅院式建筑群，名曰“安乐宫”，安排其家人在此居住。之后晋王司马昭建造两道城墙以保护安乐寨，城墙及其所围区域被称为“晋城”或“晋王城”。

隋唐时期，晋城年久失修，外城消失，内城废为颓垣。

明代，司马氏父子建的晋城，被称为“司马故城”，是“苏封八景”之一。明景泰年间温县知县虞廷玺创作有《司马故城》诗：“荒城怀古视平芜，三国争雄一丈夫。坚壁不为巾帼战，运谋深与老瞒图。风吹野草眠黄犊，瓦落宫墙叹白驹。终有玄孙成帝业，当时生走亦何愚。”

明崇祯十年（1637），在乡绅的带领下，定居在古晋城内的村民对原安乐宫周边的内城墙进行修缮，成为初具规模的寨墙。

清代，原“苏封八景”之一的“司马故城”更名为“晋城晓望”。温县籍雍正年间举人王锡命（曾任河南汤阴县儒学教谕，后参与乾隆年间《温县志》的编纂）创作有《晋城晓望》诗：“招贤犹自说遗踪，司马城高沇水东。惨淡常流云影白，熹微每送日轮红。黄河浩荡鱼龙跃，行岭参差嵂崒雄。为想当年全盛日，筵开东阁乐融融。”雍正年间拔贡吴玉斗（曾任河南叶县儒学教谕，后参与乾隆年间《温县志》的编纂）创作的《晋城晓望》诗曰：“晋城入望月轮回，人带轻寒道上来。晨鼓响声惊宿鸟，朝霞飞影落霜苔。渔舟火向残星没，凤阁门依晓箭开。三马久随莲漏尽，招贤何自比燕台？”

清咸丰十一年（1861），在安乐寨村王德敏、杨碾等的倡议下，重修安乐寨的寨墙，一度残缺的寨墙得到修补。安乐寨南寨门楼柱子上刻有楹联：卜里遗风衣冠人士；晋城佳节襟带山河。卜里，即春秋时期孔子的学生、“孔门十哲”之一、温县籍名人卜子夏的

安乐寨寨址（1960 年）

故里。为加强管理，王德敏、王信璧先后任寨主。

清光绪二十八年（1902），寨墙再次进行补修。整修后的安乐寨共有 4 门，东西南三面各一，北门偏西而小，车马不能通行。寨墙周长约有 1.5 千米，寨墙高约二丈，厚约四丈；壕唇宽三丈，深数尺，占地 60 余亩，所耗用粮米按寨内地亩均摊。

1938 年，日军侵占安乐寨村，部分寨墙被毁。

中华人民共和国成立后，安乐寨的寨墙作为古晋城的重要组成部分，得到温县文物部门的重视，保护工作被提上议事日程。1983 年 10 月，古晋城遗址被列入温县重点文物保护单位，受到各方的关注。1993 年 4 月 29 日，《中国文化报》刊登杨青、幽芳的文章《晋王故城安乐宫》，介绍司马氏家族修建安乐宫的情况。2019 年 3 月，《河南日报》（农村版）刊登文章《司马懿故里温县安乐寨焕发新活力》，对安乐寨村的文化、经济进行宣传。

安乐寨村残留的西段古城墙（2015 年）

司马懿广场（2020 年）

◉ 挖掘与整理

司马懿广场 1992 年，安乐寨村在村北部修建司马懿广场。东西宽 60 米，南北长 40 米，占地面积 2400 平方米，投资 3 万元在广场立司马懿雕像一尊。

司马懿广场建成后，安乐寨村在此多次举办戏剧、广场舞、太极扇、红歌等大型文

司马懿塑像揭幕仪式（2014 年）

司马故里安乐寨村一角（2017 年）

化活动。特别是举办司马懿得胜鼓表演时，规模空前，影响巨大，受到各界的热议和好评。

2014 年 9 月，因司马懿雕像受损较为严重，再次投资 6.8 万元更换司马懿雕像。

2020 年，安乐寨村投资 100 余万元，对司马懿广场实施扩建。建成后占地 15 亩，栽种绿化树，铺设水泥或地砖，安装太阳能灯，广场内建有木房、公共厕所等。成为安乐寨村民娱乐休闲，以及举办大型活动的重要场所。

司马故里展览馆 1994 年，安乐寨村为弘扬司马氏文化，在村北部安乐寨村小学对面兴建司马故里展览馆。内有司马氏家族故事、人物介绍等。2010 年，因房屋产权变更，展品搬出，展览馆暂时闭馆。

2018 年，安乐寨村在王氏祠堂旧址附近重建司马故里展览馆，面积约 300 平方米，由村籍名人王梦奎题写馆名。司马故里展览馆分为三部分：第一部分“华夏千古司马懿”，着重介绍三国时期著名政治家、军事家司马懿的生平大事；第二部分“三分归晋名万世”，从政治、军事、经济三方面总结司马懿的人生成就，介绍司马氏兴屯田、修水利、重孝廉、斩孟达、战孔明、定辽东，立不世之功；第三部分“千秋显赫泽乡里”，着重展示司马故里安乐寨村的历史、古迹、文化遗产、涌现出的近现代名人，以及上级领导对司马故里的关怀。

司马故里展览馆（2020 年）

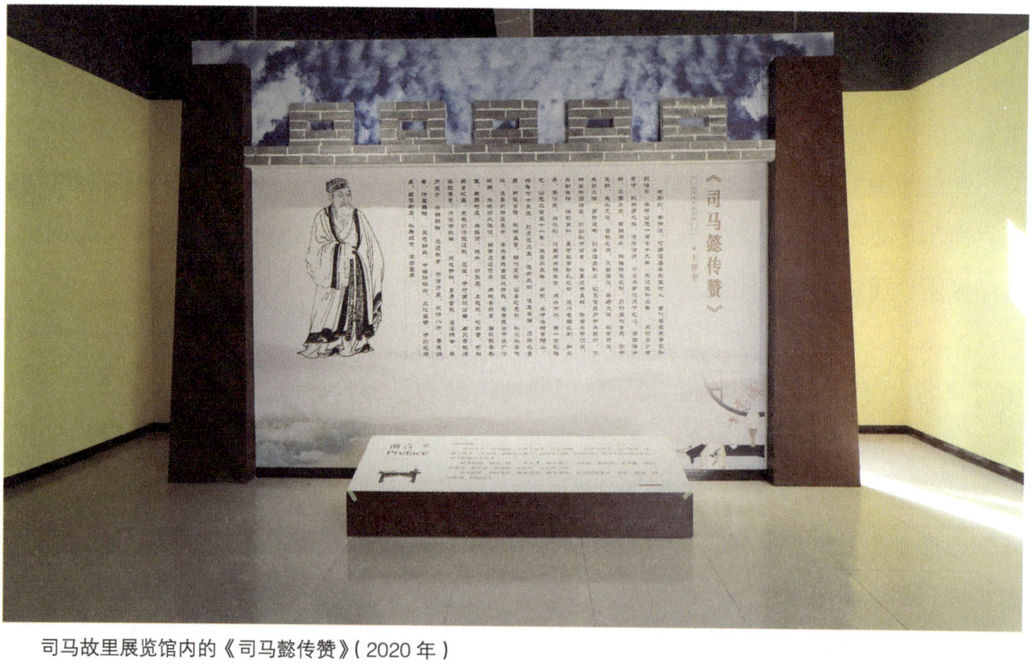

司马故里展览馆内的《司马懿传赞》（2020 年）

司马故里展览馆一角（2020 年）

开馆以来，司马故里展览馆成为河南省以至全国各地的司马氏文化研究者、爱好者参观学习的重要场所。

全国司马氏中原寻根之旅在司马故里展览馆举办活动（2020 年）

温县司马懿研究会　位于安乐寨村村委会院内，1994 年安乐寨村在温县有关部门的支持下设立。是年 9 月 4 日，温县司马懿研究会在安乐寨村举办成立大会。中央、省、市、县有关领导和专家、学者及安乐寨村村民 1000 余人参加成立大会。

司马懿研究会特邀请王梦奎（时任国务院研究室副主任）、常有功（时任中共河南省委宣传部副部长）、蒋书铭（时任中共焦作市委副书记）、姚待献（时任中共温县县委书记）为研究会顾问。经过选举产生司马懿研究会首届理事会，共有理事 22 人。会长程齐（时任焦作市史志协会理事、《温县志》主编），副会长赵士军（时任温县县委宣传部副部长、温县报社主编）、郑常铭（时任温县县志副总编、主任）、张继锋（时任温县文化局党组书记）、王朝义（时任安乐寨村党支部书记）、杨连仲（时任温县文联主席）。

《司马懿研究》是司马懿研究会主办的文史哲类综合性学术刊物，先后由程齐、张继峰担任主编。1995 年，出版《司马懿研究》（第一辑）。1997 年，出版《司马懿研究》（第二辑）。

《司马懿研究》曾刊登安乐寨村籍名人王梦奎、河南省社科联副主席徐志刚、中共焦作市委副书记蒋书铭、焦作市文化局局长张金玉等名家有关司马懿的研究论文。为安乐寨村研究、挖掘司马氏文化提供借鉴。

司马懿研究会成立后，积极协调，努力工作，推动司马懿文化的研究，成绩斐然。促进了安乐寨村修建司马故里展览馆、安乐寨村史馆，竖立司马懿雕塑像；对司马氏家谱、人物进行挖掘整理；研究、传承司马懿得胜鼓，并促使司马懿得胜鼓成功申报省级非物质文化遗产。

文物胜迹

安乐寨村历史悠久，文物胜地较多，主要有虢公台、汉代烘范窑、司马故里旧址等。此外，安乐寨村还有很多明清时期、民国时期的古碑、古树、传统民居、古庙宇等，较好地诠释着村庄文化的厚重，延续着文脉的辉煌。

◉ 遗址

汉代烘范窑遗址 位于距安乐寨村东北部约 0.5 千米处，为汉代铁器冶铸遗址。占地 1 万余平方米，文化层厚 1 ～ 2 米。

1974 年 5 月，安乐寨第五生产队的社员到村东北的上坡地修建砖瓦窑。正在起土时，意外地发现许多洞穴。因不知洞中有何物，几个人继续开挖，结果挖出一些土制模具。

河南省博物馆于八九月间派人进行大规模的挖掘、清理。一座基本完整的窑址和 500 多套陶范被发现，地面上散布大量的汉代陶范、废范块和铁渣。遗址东部地势较高，地表散布很多红烧土、炉砖、灰砟。从 4 座残炉和窖室内挖掘清理出 500 多套尚未浇注的叠铸陶范，器具种类有 16 类 36 种之多。大部分是铸造车马器具的陶范，有轴承范、革带扣范、马衔（嚼子）范等。每套铸范由 5 ～ 14 层叠成，最少一次可浇铸 5 件，最多一次可浇铸 84 件。烘范窑的陶范系用洗过的细沙和黏土制作而成，同类型若干个陶范叠垒起来，形成一圆柱状的一箱多器、多箱叠垒的陶范，类似现代的立体浇铸工艺。后来，该地出土的文物均收藏于河南省博物院。

据考证，陕西咸阳、西安，河南南阳和山东临淄等地，曾多次出土汉代叠铸泥范，其中以温县汉代烘范窑所出铸范数量最多，保存最为完好。据《中州大观》（1987 年，人民日报出版社出版）一书介绍："手工业上，温县出土的单孔层叠铸造泥范，是世界冶金史上最早、最先进的技术。"汉代烘范窑遗址为研究古代叠铸技术提供丰富的实物资料，这些铸范充分表现出汉代劳动人民在铸造工艺上的杰出成就和创造才能。

司马故里旧址 三国时期，司马懿、司马昭父子修建的晋城为司马氏家族的聚

汉代烘范窑出土的器物（组图）（2020 年）

居地。

中华人民共和国成立后，为了保护司马懿故里，安乐寨村做出很多努力，逐渐得到上级的重视。

2008 年 6 月，为了弘扬司马懿文化，促进文化、经济发展，河南省人民政府将该处命名为“司马故里旧址”，公布其为第五批河南省文物保护单位，总序号 93，分类号 38。

司马故里旧址的保护范围以司马懿故居安乐寨村为中心，西起沇水，东至作礼村，南起小营村，北至三陵村，面积约 40 平方千米。包括整个晋城内的安乐寨、虢公台、古城村（汉初鸣雌亭侯许负的封地）、汉代烘范窑遗址以及晋城外与司马氏有关的东城外村（守卫晋城军队的东部军营）、西城外村（守卫晋城军队的西部军营）、树楼村（守卫晋城军队的戍楼所在地）、三陵村（司马氏家族墓地）等 10 多个村庄。

2008 年 10 月，温县人民政府在安乐寨村东门口立“司马故里旧址”石碑。石碑背面的碑文由安乐寨村籍名人杨家卿撰写，碑文如下：

> 司马故里旧址位于温县城西南十三公里处。以晋宣帝司马懿故居安乐寨村为中心，西起沇水，东至作礼村，南起小营村，北至三陵村，面积约四十平方公里。
>
> 安乐寨系晋宣帝司马懿所筑，故称晋城，又因司马懿次子司马昭被封晋

“司马故里旧址”标识（2015 年）

安乐寨村东古城墙（2015 年）

王，亦称晋王城。城分内外，内城原名安乐宫，为帝妃皇室居住的主要宫殿，后改称为安乐寨。辟东西南北四门，并建城门楼，城墙用黏土夯筑，护城河环绕周围，城中央建有清嘉庆十七年敕封镇东侯杨四将军祠。传承一千七百余年的“司马懿得胜鼓”是河南省首批非物质文化遗产。

晋王城外主要遗址有：汉代烘范窑、虢公台、司马祖茔、三陵、上林苑、招贤馆、护驾庄、校尉营、梨园和禅房等。

司马故里历史悠久，环境独特，遗存众多，极具保护开发研究利用之价值。

公元二〇〇八年九月

杨家卿撰文

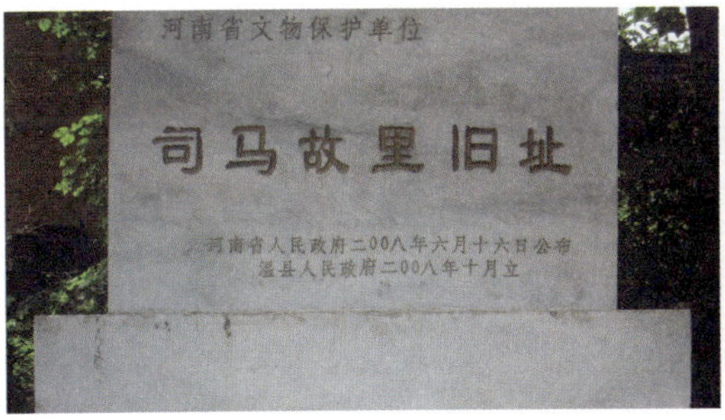

“司马故里旧址”碑的正面（2010 年）

“司马故里旧址”碑的背面（2010 年）

◉ 庙宇宗祠

天爷庙　位于安乐寨村东门里北边，始建于明崇祯九年（1636）。天爷庙坐北朝南，占地2331平方米，建筑面积325.6平方米。其建筑结构整体为长方形，北面大殿三间，东西两边有廊房各五间，南边临街房（又称街房）三间，街房两旁开有东小门、西小门。

街房至大殿铺设神道，宽3.5米。大殿中央是天爷（又称老天爷、玉皇大帝）泥塑雕像，高4.2米；两廊房内陈列有关公（关羽）木质雕像，高2米，以及其他泥塑神像。街房用于看庙人居住。老百姓逢年过节或遇旱涝灾年，便到天爷庙祷告，祈求天爷保国泰民安、五谷丰登。

清朝时期，因年久失修，天爷庙有些破败，康熙五十八年（1719），安乐寨村民集资重修天爷庙，同治十一年（1872）再修天爷庙。为保护这一古建筑和村庄，在紧邻天爷庙的东寨墙上置放10门土炮，庙内存放三缸火药供土炮使用备用。天爷庙内因有关公塑像，又称关帝庙。

1908年，天爷庙被设为学校，东小门上悬挂温县二等公立学堂匾额。安乐寨村的多个学子在此读书学习。

1940年，日军攻占温县。一队日军来到安乐寨村杀人放火，一个日军无意中将天爷庙内的火药点燃，引起大爆炸，几个日军被炸死，天爷庙毁于一旦。

坨坞王氏宗祠　位于安乐寨村祠堂街西端，建于清道光年间，由安乐寨村两支王姓的一支——坨坞王姓（原在温县坨坞村，后迁居安乐寨村定居）所建。

王氏宗祠坐北朝南，宽14米，长45米，占地630平方米。宗祠南有山门三间，中间悬挂“王氏宗祠”匾额。匾额为清朝温县籍名人李棠阶（为咸丰、同治、光绪三代帝王的老师，人称三代帝王师，曾任礼部尚书、军机大臣）所书。宗祠北有大殿三间，为砖木结构，屋顶有五脊六兽，前墙为雕木隔扇。大殿前建有10米×10米的阅台，高出地面二尺余，用来祭祀拜祖。山门与大殿之间建有神道，宽3米，长25米，青砖铺地，两边镶青石条，高出地面尺余。大殿前两侧矗立两幢龙头碑。神道两侧栽有柏树数棵。20世纪60年代，温县招贤公社在招贤村兴建机械厂，因缺少砖、瓦、木材等建筑材料，便把王氏宗祠拆除。2018年，王氏选址重建王氏宗祠。宗祠建成后，交村委会使用，辟

安乐寨坨坞王氏宗祠（2019 年）

建安乐寨村史馆。

杨家庙　位于安乐寨村祠堂街东段，始建于清代嘉庆十七年（1812）。杨家庙是为纪念杨家始祖杨整的四世孙杨四而建，这里既拜祖宗又祭神灵。

安乐寨村杨氏始祖杨整，于明代从山西洪洞县大槐树下迁徙至温县小营村西聚族而居，后因黄河水患，又迁徙到安乐寨村定居。杨姓生滋繁衍，人丁兴旺，传四世时，杨整的曾孙杨四，12 岁戏水时死于黄河。相传，杨四死后多次显灵救人、除恶，受到民间尊崇，视为神灵。明永乐年间，朱棣敕封杨四为“将军”。清代，杨四被康熙帝封为“镇东侯”“总理江湖河道翼运平浪元帅”。由官府拨款修建家庙，故称杨家庙。

杨家庙坐北朝南，宽 22 米，长 35 米，占地面积 770 平方米。庙门前砖石铺地，高出路面二尺许，四周有青石围栏，共八块，东西四块为古体寿字，南北四块为梅花鹿、仙鹤、龙、凤图案。正中有石台阶，中间立柱为八棱锥，上雕石猴图案，正前方两旁矗立一对石狮，形制有宫廷建筑气派。

杨家庙分正院、跨院两个院子，正院有街房、拜殿、大殿各三间；跨院有正房、街房各三间。正院的街房建筑风格独特，装饰非凡，雕龙画凤，正中央两扇朱红色大门上面高悬一块黑色匾额，上有“杨家庙”三个鎏金字，两侧砖墙上镶砌着一副石刻楹联（由杨碨撰写），上联“利物济人成天平地”，下联“光宗耀祖荫子庇孙”，横联“缵禹

安乐寨村民在杨家庙前合影（1976 年）

杨家庙楹联遗迹（2020 年）

旧服”，门楼屋檐下有一金字立匾，雕刻着二龙戏珠图案，正中为“镇东侯”三个金色大字，屋顶有五脊六兽，正脊两端为侯位独享的吞脊兽。

正院内砖石铺地，中间有 3 米宽的神道，高于两边二尺许，两旁有楸树、柏树。拜殿檐下悬挂一块立匾，中间是“敕封镇东侯”，两边是“二龙戏珠”纹理。拜殿前两侧矗立两幢龙头石碑，上面镌刻有杨家庙碑文和杨四将军事迹，以及皇帝赏赐的庙产地亩数。案头是二龙戏珠花纹，中刻古篆题“圣旨”二字。拜殿前墙为雕木隔扇，无后墙，屋顶为拱形建筑。走出拜殿，紧挨着就是大殿。大殿屋顶有五脊六兽，门口的两根红色明柱上雕刻着金字对联：威震长江平狂澜；迹寄飞跃惠梓邦。每逢大年初一，大殿内正中悬挂着杨氏家谱轴，两旁摆放各色旌旗、黄罗伞、金瓜、钺斧，院中摆放“肃静”“回避”的牌子及“镇东侯”“将军”“元帅”的牌匾。杨氏族人所有男丁按照辈分高低排列，在此祭拜列祖列宗。

20 世纪 70 年代，安乐寨村在杨家庙旧址处建大队办公楼，杨家庙被拆除。

◉ 传统民居

安乐寨村作为历史悠久的村庄，保留有 30 余处建于清代、民国时期的老房子。很多房子具有独特的建筑风格，并有名人在此居住，具有较高的历史、文化价值。2016 年 1 月，经河南省人民政府批准，安乐寨村的 9 处传统民居被确定为河南省文物保护单位，编号分别为传统民居一号院至九号院。

传统民居一号院 又名“王文郁故居”“王梦奎、王梦恕旧居”，位于安乐寨村东大街北段路东，建于清道光十二年（1832）。内有房屋 6 间，民国初年，总统府顾问、国民政府参议员王文郁曾在此居住。2008 年，被改建为兄弟书屋。

传统民居二号院 又名“王保国民居”，位于安乐寨村东大街中段，始建于清道光十九年（1839）。院子坐西朝东，占地面积 532 平方米，建筑面积 231 平方米，建筑结构为前后两进院，前院有街房、中房，后院有后群房，均为五间，居中三间房的宽度宽于两边的两间房，旧称“明三暗五”。此民居为安乐寨村王氏十八世嫡孙王馨［生于清嘉庆十二年（1807），卒于同治四年（1865），为邑庠生员，曾任江西某地知县］投资修建。其子孙在此传后裔 6 代 60 余人。其中有多位成才，如直系次孙王文学，1936 年参加国民革命军李怀彪部，任文书、连长等职。1946 年该部起义，整编到中国人民解放军第四野战军，王文学任团参谋，复员后，回安乐寨村任村干部。王馨曾孙 3 人，长曾孙王晋武，中共党员，1960 年参加中国人民解放军，任北京总参高级技师，复员后到温县震动器厂工作，先后任技术科长、厂长等职；次曾孙王和平，曾负责生产队印刷厂工作，为集体经济创收，效益可观；三曾孙王保国，中共党员，高中毕业后到招贤机械厂任业务科长，后回安乐寨村担任党支部副书记、村委副主任等职。

此外，该院落还有一段革命斗争故事。1945 年 5 月，温孟县（1945 年 8 月更名为温县）二区区委书记苏戈，受八路军太行山军区派遣到安乐寨村从事党的地下秘密工

安乐寨传统民居二号院（2018 年）

作。苏戈将区委会设在该院，他白天躲进枯井内，晚上走乡串户发动群众，宣传党的抗日政策，鼓励青年参加革命，先后在安乐寨村发展杨运海等 3 人加入共产党，建立扩大革命根据地。1947 年 3 月，苏戈为掩护当地干部群众安全转移上山，途中遭遇国民党反

安乐寨传统民居三号院（2020 年）

动派，英勇战斗，被抓后惨遭杀害，年仅 28 岁。同年，安乐寨村农会主席霍永星为保护苏戈的女儿，被国民党反动派杀害。

传统民居三号院 又名“杨元和民居”，位于安乐寨村南拐东尽头路北，由南向北

呈三进院，建于清代。该院从前街一直延伸到后街，占地 400 余平方米，有房屋 7 所 20 余间，为砖木结构，大部分墙体为土坯墙。该院的东尽头路北部有 3 间临街房，建有门楼和影壁墙，这些建筑上的雕砖十分精致，独具特色。

该院系中医名家杨医亚家族的祖宅，杨家后人长期在此居住。百余年来，该院涌现出多位人才，如杨益欧毕业于清华大学水利系，高级工程师，就职于北京市科学技术研究院；杨益静为某国企高级工程师，科研成果颇丰；杨医亚长期从事中医教学、研究，为著名的中医学家。

至 2021 年，该院尚余房屋 3 所，分别为临街房、东厢房、西厢房，为杨家后人杨元和所有。古建筑方面的专业人士曾到此考察，认为从建筑风格上看，该院属于清代嘉庆年间的建筑。

传统民居四号院 又名“王乃大民居”“王培仁故居”“王家大院”，位于安乐寨村祠堂街中段路南。院子坐南朝北，占地面积 500 平方米，房屋始建于清嘉庆五年（1800），前院为一典型的四合院，东西南北各有 1 间房子，后院为空地。

民国初期，王豫修（清末举人，时任温县第一任教育局局长。1938 年，任信阳师范学校校长），将 4 所老房翻新修复，又在后院建一所候客厅（三间），建筑面积共 212 平方米。房子均为砖木结构，屋顶有五脊六兽，地面铺设地板，安装玻璃门窗，成为安乐寨村一流的建筑。

1940 年，日军侵占温县，将老宅翻修后的四座房焚烧，只留下东厢房 3 间。房脊尚存日军射击留下的枪眼，为日军侵华历史罪证。

2010 年，王家后裔王毅（王乃大之子）秉承祖训，传守家风，投资 30 万元，在其宅院的废墟上建砖瓦房 6 间。2011 年落成，无偿交予村委会使用，辟为安乐寨村的“幸福院”，为村中孤寡老人提供一个幸福的“家”。

该院繁衍 5 代 70 余人，且人才辈出。代表人物有王培仁（1900—1990），字冠吾，1920 年毕业于燕京大学，1932—1943 年任河南孟津县县长，因敬业廉政，孟津民众赠“万人伞”一把、“明镜高悬”匾额一块。王乃大（王培仁之子），1938 年奔赴延安参加革命，先后任晋绥野战军司令部三科参谋、中央军委三局股长，中华人民共和国成立后任成都电缆厂党委书记、侯马电缆厂厂长等职。王一大，曾在国民党军队任职。王正大，西北某单位设计院工程师。王为大，西安电厂建筑电气设计师。王延大，著名画家，河南电力公司科普报编辑。

安乐寨传统民居五号院（2018 年）

传统民居五号院 又名“王有政民居”，位于安乐寨村东大街北段路东，建于清道光二十一年（1841）。该院全长 60 余米，为三进院，有房屋 24 间。

因多种原因，该院的房屋大部分被拆除，仅剩南厢房 3 间、北厢房 3 间，属王家后人王有政所有。该院与安乐寨村传统民居一号院兄弟书屋相连，两院也被合称为“王家大院”。

传统民居六号院 又名“王志东、王建政民居”，位于安乐寨村二道街东段路北，建于清宣统二年（1910）。院内有正房 3 间（屋主王志东）、街房 3 间（屋主王建政）。房屋为砖木结构，保存完好。

安乐寨传统民居六号院（2020 年）

传统民居七号院 又名“王占德民居”，位于安乐寨村后街东段路南。有房屋 3 间，砖木结构，保存完好。

该院房屋建于 1912 年，房主原为王文秀。20 世纪 70 年代，王文秀因膝下无子，将王占德过继为其子，负责为王文秀养老送终。王文秀去世后，王占德继承房产。王占德于 1998—2008 年担任安乐寨村委会主任，在任职的 10 年间，他一心为公，廉洁自律，为安乐寨村的发展尽职尽责，受到村民好评。

传统民居八号院 又名“王氏宗祠”，位于安乐寨村二道街西段路南，建于民国元年（1912），为安乐寨村的一支王姓——“西头王姓”的祠堂。祠堂坐南朝北，占地 340 平方米，建筑面积 270 平方米，有大殿 3 间，临街房 3 间，为砖木结构。大殿房顶有五脊六兽，前墙门窗为雕木隔扇，雕工精巧。

经历百年沧桑，该院建筑遭到不同程度的损毁。2000 年前后，3 间临街房倒塌，不复存在。2011 年冬，为保护这一传统民居，“西头王姓”族人筹资 3 万余元，准备对大殿进行修缮。2012 年 2 月开始动工，3 月 15 日竣工，修缮后的大殿焕然一新。“西头王姓”由清代迁入安乐寨村的几十人，发展到现在的 400 余人，其中有在外工作人员 70 余人，大中专学生 40 余人（含硕士、博士 16 人）。

传统民居九号院 又名“杨碾故居旧址”，位于安乐寨村祠堂街中段路南，建于清代。安乐寨村知名人士杨碾曾在该院居住。房屋为砖木结构，屋主杨家卿。

◉ 古树名木

公坟柿树 位于安乐寨村北公坟（村民集体墓地）路边，为杨文江（安乐寨村第一任党支部书记）的父亲于清末在自家地里栽种。人民公社化之后，土地归安乐寨村集体所有，该树随之归安乐寨大队所有。1967 年，安乐寨村在该树附近修建公坟，该树成为公坟的重要地标。

该树树龄 150 余年，高度 12 米，胸围 1.99 米，主干基本干枯，新发枝株生长茂盛，为安乐寨村内最年长的“长寿树”。

杨洪振家枣树 位于安乐寨村马道街杨洪振院内，据说杨洪振的祖父杨金堂于清朝末年，从河南灵宝带回 3 棵枣树苗，栽植到马道街的空院子中。后因街道改造等原因，2 棵枣树消失，院内角落的 1 棵枣树得以保留。

该枣树的树龄120余年，高度9米，胸围0.91米，仍生长茂盛，果实累累，所产的枣大而甜。根部不断延繁出小枣树苗，被多名村民挖出在家或在地里栽种。

杨振东家椿树 位于安乐寨村南拐二街杨振东家后院的右墙外。该椿树的树龄有110余年，高17米，胸围1.93米。在树干2米处自然分为2股，均生长良好。

据村中老年人介绍，该树无人栽种，为风吹椿树种子飘落在此后，自然生长的。该树位于杨振东高祖与村中名人杨士俊（两人为亲兄弟）两家院子的交界处。兄弟二人将这棵树视为吉祥物，倍加珍惜，并要求后人世代呵护。

现在，该树在杨家的管理下，仍枝叶繁茂，成为村中一景。因该树自然生成的两股树干宛如一对兄弟，加上杨氏兄弟二人相处得很好，为彰显兄弟亲情，大家都称该树为兄弟树。

村委会院内榆树 位于安乐寨村祠堂街村委会院东侧，为村民王保国祖父在自家院内栽植。遇到灾荒年景时，一些村民便采摘该树的榆叶、榆钱充饥，这棵榆树救过不少穷人的命。后该宅院划归村委会所有。

2020年，该榆树树龄约120年，高度19米，胸围1.8米。

杨云飞家榆树 位于安乐寨村祠堂街中段杨云飞老院上房后。树上的榆钱曾被村民采摘，成为盘中餐。

该树树龄100余年，高度16米，胸围1.65米。

百年皂角树 位于安乐寨村东大街与祠堂街交会处，相传为村民王立政所种植。民国时期，树上结的皂角曾是村民洗衣服的必备物料（相当于肥皂）。每到夏日，树荫浓厚，是村民乘凉的好地方。

该树树龄100余年，高度11米，

兄弟树（2018年）

百年皂角树（2020 年）

胸围 1 米，树冠覆盖面积近 50 平方米。

杨世甲门前椿树 位于安乐寨村南拐二街杨世甲院门前，为其父杨益富所植。生长良好，枝繁叶茂，为村民乘凉之所。

该树树龄 110 余年，高度 16 米，胸围 1.56 米。

杨碾故居栾树 又称“北方栾树”，位于安乐寨村杨碾故居的后院，栾树在北方少见，该树在安乐寨村因稀有而受到村民关注。

杨碾故居的栾树（2020 年）

杨碾故居栾树下的石刻（2020 年）

该树树龄 110 年，高度 12 米，胸围 1.05 米，生长茂盛。

北城墙榆树 位于安乐寨村司马故里碑北边的城墙上。该树因远离民居，加之城墙地面较窄，无人前来浇水、养护，生长条件较差。抗日战争时期，几个日军到该处城墙边的天爷庙搜查抗日军民，无意间引燃庙内的几大缸火药，日军被当场炸死，该榆树见证侵略者的自取灭亡。

该树树龄 100 余年，高度 18 米，胸围 1.9 米。

兄弟书屋香椿树 位于安乐寨村东大街兄弟书屋院内，据说是民国初年总统府顾问王文郁所植。香椿叶可食用，味道独特。每年春天，村民纷纷到树下采摘香椿叶，做成各种美味佳肴。

该树树龄 105 年，高度 13 米，腰围 1.05 米。

兄弟书屋香椿树（2020 年）

安乐寨村老蟒河风光（2013 年）　　武卫峰　摄

特色文化

安乐寨村的传统特色文化有戏曲、怀庆大鼓书、书画艺术等，历史悠久，受到广大村民的喜爱。改革开放以来，安乐寨村重点打造兄弟书屋、安乐寨村史馆、司马懿得胜鼓等，成为村域文化的新亮点，受到社会各界的关注和好评。每年前来参观、学习的各界人士达数万人。

◉ 文艺

戏曲 明清时期，安乐寨村有年节期间唱大戏的文化传统。村民平时为了生计，奔波在外，终日劳作，没有闲暇时间举办娱乐活动。冬春农闲之时，村民便自发地组织起来，排练一些戏曲节目，自娱自乐，在春节等节日期间演出，为节日增添喜庆气氛。

民国时期，安乐寨村民自发组织的业余戏班有10余人，成员均自愿参加，没有任何报酬。排练、演出的剧种有豫剧、曲剧、怀梆等，因实力有限，只能表演一些戏曲片段。冬春农闲时，他们常在村里演出，因陋就简地编演戏曲小段，甚至干脆直接清唱。演出的费用由庙地租金维持。

1954年1月，安乐寨村正式成立业余剧团，王文顺任团长，成员有30余人，依然不发报酬，道具、乐器等少量费用由村里补贴。因资金有限，设备非常简陋，晚上演出在舞台上挂一盏马灯即可。演出形式也很随意，根据村民需要，或在田间地头，或在大街小巷。

1960年，业余剧团逐步走向正规化，杨高祖任团长，成员有40余人。安乐寨大队投资添置服装、道具，并为演员记工分作为报酬，开始排练大型历史剧和现代剧，并结合乡村的实际情况，增加一些自编节目。演出的历史剧主要有《上门楼》《铡美案》《山寨招亲》《跪寒铺》，现代剧主要有《夺印》《卖箩筐》《三世仇》《沙家浜》《游乡》《红灯记》《朝阳沟》等。

改革开放之后，王建国任团长。业余剧团进一步发展，演出趋于常态化，不但在安

村民在看戏（2017年）

乐寨村演出，还常到外村进行交流演出，并多次参加温县文化部门组织的戏曲大赛。

20 世纪 90 年代，因业余剧团的很多骨干演员到企业上班，或到外地打工、创办企业，排练、演出无法维持，只好宣布解散。

怀庆大鼓书　怀庆大鼓书属于大鼓书的一种表演形式，表演时仅有一人一牛皮鼓一月牙板（类似于快板书演员手拿的快板），一手敲鼓，一手拿快板，唱、说并用，因起源于怀庆府（辖区大致相当于现河南省焦作市），故名怀庆大鼓书。安乐寨村有怀庆大鼓书艺人，群众基础广泛，成为村里的特色曲艺项目。

安乐寨村民王乃武自幼喜欢大鼓书，拜东辛庄村杨全福为师，潜心学习大鼓书。后成为怀庆大鼓书的著名艺人。王乃武表演的大鼓书主要有《司马懿大战诸葛亮》《隋唐演义》《小八义》《大八义》《三国演义》《包公案》《水浒传》。二十世纪八九十年代，安乐寨村民家中有娶妻生子、祝寿等喜庆事，便请王乃武前来表演。根据情况，少则三五天，多则十天半月。

书画艺术

明清时期，安乐寨村中文化人较多，其中杨碾、王文郁等为温县知名书法家。他们平时为民众代写一些文书，春节前为村民书写春联。

民国时期，安乐寨村的杨修吾、王振义、王立珍、杨团一等人书法功力深厚，独具特色，在安乐寨村一带颇有名气。

中华人民共和国成立后，安乐寨村中的书画爱好者进一步增加，涌现出王延大、王朝平、杨益鸿、王志东、杨立庄、杨家卿、杨晓国、徐树勋、杨文永、王永胜、王艳菊、王苛婷等书画家，很多人在各类书画赛事中获奖。

王延大　安乐寨村人。历任户县热电厂宣传部干事、工会干事，河南省电机工程学会秘书、会务部主任,《豫电科普报》主编、河南省电力书法美术协会副会长等职。

杨晓国　1948 年出生，安乐寨村人，在郑州解放路小学上学期间，成为郑州著名书法家、画家唐玉润的学生，跟随唐玉润学习书画多年。他的作品多次参展，并获得奖项，如在中国书画百幅作品示范展活动中获银奖。曾任河南省中国书画家协会会员、河南省唐玉润书画研究院副院长、河南百泉书画院副院长。

安乐寨村村民的书画作品（组图）（2020 年）

王艳菊　女，1972 年出生，安乐寨村人，焦作市硬笔书法协会会员、温县诗词学会会员。从小和妹妹王艳丽一起在父亲王开善的指导下，练习书法和绘画。中学时师从安乐寨学校教务处主任梁振国。2019 年 6 月，其作品在庆祝建党 98 周年“践行大书法艺术进基层”活动中，被焦作消防队收藏；9 月参加焦作市第八届师生硬笔书法邀请赛获二等奖。2020 年 9 月，参加焦作市第九届师生硬笔书法邀请赛获一等奖。

王苛婷　女，安乐寨村人，本科学历。自幼习书，师从河南省著名书法家范存江、张胜利，擅长小楷、行草书，其作品先后入选河南省第四届现代刻字艺术展、山东省第八届青年书法作品展、济宁市首届隶书展、全国第十届刻字艺术展。作品曾获巩义市女子书协书画展一等奖、巩义市迎新春书画作品展优胜奖。

文化场所

兄弟书屋

创建情况　2007 年 7 月，安乐寨村籍的中共十五届中央委员、国务院发展研究中心主任、经济学家王梦奎，中国工程院院士、隧道及地下工程专家王梦恕，焦作大学教授王梦周三兄弟，他们筹划在村东大街他们的祖屋创建兄弟书屋。

2008 年 4 月 5 日，兄弟书屋举行揭牌仪式。河南省、焦作市的有关领导到现场祝贺并题词，王梦奎、王梦恕、王梦周等致辞。

兄弟书屋一角（2020 年）

兄弟书屋开馆后，得到社会各界的支持和好评。安乐寨村村委会为兄弟书屋投资 10 余万元，包括捐赠物品、房屋修缮、书屋工作人员误工补贴及开支。王梦奎先后 3 次为书屋捐赠书籍 1000 册，王梦恕为书屋捐赠书籍 500 册，王梦周为书屋捐赠书籍 1200 册。截至 2020 年，兄弟书屋共收到社会各界捐赠款项约 40 万元、书籍约 2 万册、大小物品约 100 件。

王梦奎在兄弟书屋揭牌仪式上致辞（2008 年）

村民在兄弟书屋读书交流（2020 年）

借阅情况 兄弟书屋建成后，安乐寨村安排人员负责日常管理，并制定图书管理制度、借阅制度等，规定所有图书一律供读者免费借阅。

初期读者以安乐寨村村民为主，后来周边村庄读者也纷纷前来借阅，最后读者发展到遍及温县招贤乡、番田镇、祥云镇等多个乡镇，以及孟州市的下口、武桥等多个村庄。据不完全统计，每年借阅图书达 6 万人次，借阅者以中小学生居多，占总人数的 60%。

通过借阅图书，很多读者学到了知识，丰富了文化生活，提高了个人素质。兄弟书屋逐渐成为安乐寨村的一个文化亮点，受到各界好评，在温县乃至焦作市极具知名度。

参观情况 兄弟书屋创办成功后，各地领导纷纷前来参观、学习。在参观兄弟书屋之后，他们或给予题词，或提出一些指导建议，使兄弟书屋越办越好。

全国“服务农民、服务基层文化建设先进集体”奖匾（2020 年）

荣誉情况 兄弟书屋建成后，除了藏书、读书之外，也成为安乐寨村乃至温县、河南省各界举办重要活动的场所，受到各界赞誉。

2011年4月，兄弟书屋被温县人民政府评为“温县重点文物保护单位”。2018年4月，被中共焦作市委组织部、中共焦作市老干部局确定为“全市老干部正能量活动示范点”。2019年12月，被中共焦作市纪律检查委员会、焦作市监察委员会确定为“焦作市廉政教育基地”。

2020年5月，兄弟书屋被河南省文明办、河南省妇女联合会确定为“河南省家风家教示范基地”。

2020年11月，兄弟书屋被中宣部、文化和旅游部、国家广电总局评选为“第八届农家书屋和基层图书发行单位先进单位”，全国共表彰48家，兄弟书屋是河南省唯一受表彰的一家。

2020年12月，兄弟书屋被中共温县县委组织部、中共温县县委党校确定为“温县党员干部教育培训现场教学点”。

此外，兄弟书屋被确定为“温县图书馆招贤乡分馆”“温县新时代文明实践教育基地”“中原先锋党建书架”，被中共焦作市委宣传部、焦作市文化广电新闻出版局确定为“百姓文化超市服务联络点”，被多家高校确定为教育实践基地，被国家新闻出版局授予“农家书屋”称号。

设立焦作市廉政教育基地 2019年，中共焦作市纪委、监察委决定把安乐寨村籍领导的廉洁之风，在焦作市的各级领导中进行推广，以促进焦作市的廉政建设。在兄弟书

各界人士在兄弟书屋参观（2018年）

小学生在兄弟书屋举办夏令营活动（2018 年）

屋设立焦作市廉政教育基地，设置多处廉政建设宣传图片、格言等，供各级干部前来参观学习。

焦作市廉政教育基地建成后，除了焦作市机关、单位、学校组织人员前来学习之外，河南省其他市也多次组织有关领导前来接受廉政教育。据不完全统计，每年前来参观、学习的各界人士、学校师生达 1 万人次。

安乐寨村史馆 2018 年，安乐寨村在新建王氏宗祠内修建村史馆，面积为 153 平方米。陈列的主要内容有安乐寨村由来及简介，家规、家教、家风教育资料，革命英模及烈士事迹，安乐寨村古今经济、文化发展状况，20 世纪村民生活用品等。

安乐寨村史馆以大量的展区展示安乐寨村民革命斗争的悲壮历史。有表现中华人民共和国成立前，安乐寨村民遭受官府、土匪、国民党反动派、杂牌军队等势力的苛政暴

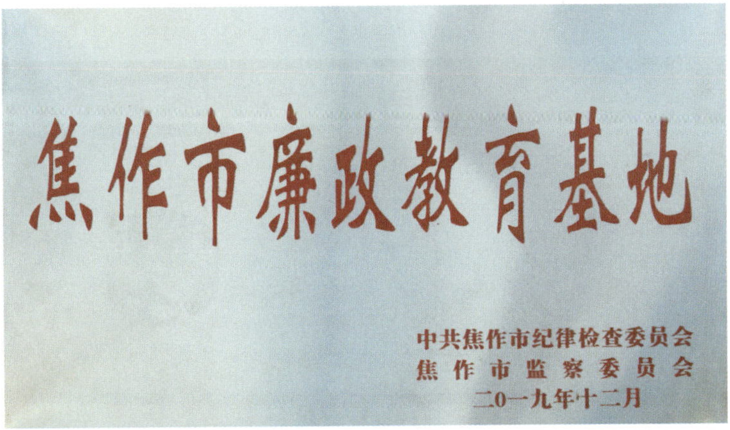

焦作市廉政教育基地名牌（2019 年）

参观焦作市廉政教育基地（2019 年）

掠的场景；有表现日军入侵、烧杀抢掠，各种自然灾害侵袭，民不聊生，背井离乡，乞讨度日的悲惨状况的内容；有中华人民共和国成立后，在中国共产党的领导下，广大穷苦百姓翻身当家做主人，村民生活逐步改善，尤其是改革开放以来，党的各项惠民政策全面落实，人民生活如芝麻开花节节高，过上衣食无忧的小康生活的场景。

开馆以来，前来参观学习，接受家风、家教及传承红色基因教育的各界人士络绎不绝，据不完全统计，每年参观者达 1 万人次。对弘扬安乐寨村的历史文化，激励参观者不忘初心、牢记乡愁、不负韶华、奋发向上起到积极作用。

杨碾旧居 位于安乐寨村中央祠堂街、村委会斜对面，始建于清道光元年（1821），为清代著名的史学家、文学家杨碾之故居。

焦作市廉政教育基地宣传墙面（2019 年）

安乐寨村史馆一角（组图）（2018 年）

清代，安乐寨村的杨碾德厚品端，因发文抨击吏治腐败而不得官。杨碾为教化激励族人，留下“树起家声，克昌乃德”8 字作为后代辈分排序。杨碾特撰写家训：“贱不忘操，贵不忘道；忧劳兴族，逸豫亡家；廉为民表，贪为民贼。”受到各界赞扬，相传杨碾虽无官职，但每任温县知县上任之初，必先到安乐寨村拜见杨碾。

2002 年 11 月，旧址复建竣工，建筑面积 200 多平方米。院内布局井然，名人名家题字题词随处可见，文化氛围浓厚。尤为突出的是杨碾家族祖祖辈辈家规家风的传承，昭示了家族的进步发展，亦是良好家风传承和文化底蕴积淀之必然。旧居的落成，受到了各级领导和文史学大家的高度关注和评价。社会各界参观学习者络绎不绝，成为市县、乡、村家风家规廉政教育基地。

杨碾旧居大门（2020 年）

杨碾旧居内的图书馆（2020 年）

2016 年，杨碾旧居被河南省人民政府公布为河南省第七批文物保护单位——安乐寨村传统民居九号院。2020 年，被河南省文明办、省妇联命名为“河南省家风家教示范基地”。

◉ 非物质文化遗产

司马懿传说

历史渊源 从秦末司马卬封殷王定居温县，到东汉、三国时期司马氏家族兴起，再到司马炎称帝建立晋朝，在安乐寨村一带流传有很多关于司马氏家族的传说故事，其中以司马懿传说最为有名。

传说内容 司马懿传说的内容较多，主要有司马懿舍身救父、司马懿智破“鬼”案、司马懿讨伐公孙渊、邙山的传说、观星台观星等。

司马懿舍身救父 一年冬天，司马懿父亲司马防突染重病，久治不愈，只好辞官返乡，好生治养。年少的司马懿除每天攻读外，就是尽心侍奉父亲，只盼父亲早日康复。一日，有一郎中为父亲开了一个药方，且每剂必有一黄河大鲤鱼做药引，还要连用 30 天！时隆冬腊月，如何弄得黄河鲤鱼？真是难煞了司马懿母亲！司马懿不忍看母亲忧急，更盼父亲早日康复，就对母亲说：“母亲莫愁，孩儿自有法子。”母亲说：“眼下冰天雪地，黄河封冻，如何弄得鲤鱼？”司马懿说：“只要河里有，孩儿定会弄到，母亲尽管放心。”说完，就和家人司马忠往黄河边跑去。只见大雪纷飞，四野茫茫，黄河冰封如铁。司马忠愁眉苦脸，说：“别说大鲤鱼，连黄河水都见不着，这可咋办？”司马懿踏冰走到黄河中央，用佩剑猛凿冰面，足足半个时辰，终于凿出了斗笠大的洞口。司马忠

安乐寨村关于“孝敬里”的宣传画（2018 年）

赶忙拿出鱼竿，挂上鱼饵。司马懿接过鱼竿，将鱼钩下到洞中，坐在冰上钓了起来。雪越下越大，不一会司马懿就成了雪人。就这样，足足钓了一个时辰，他感到鱼钩动了一下，知道有鱼上钩，但自己全身已冻麻木，不能动弹，又不能高喊，只好用眼睛暗示司马忠过来，抓住鱼竿。司马忠使劲一甩，一条尺把长的金鳞大鲤鱼扑棱棱地飞出冰洞。把鱼放入鱼篓后，司马忠赶忙为司马懿擦脸擦手，擦掉雪后，又拿酒让司马懿喝下，折腾了好一阵子，司马懿才缓过来。二人急急忙忙往家赶，到家为父亲熬药、炖汤。第二天，司马懿依旧冒着严寒为父凿冰钓鱼，整整坚持了 30 天。父病终于痊愈，但司马懿却因冻因累，大病了一场。地方百姓不禁被司马懿孝行感动，誉其故里为“孝敬里”。

司马懿智破“鬼”案　三国时期，一天夜里，司马懿正在后院书房中点灯读书，忽然窗外传来悲惨哭声。司马懿急叫卫士开门查看，卫士战战兢兢开门往后院一看，惊叫一声便瘫倒在地上。司马懿见势不妙，随即拔剑而出，借着月光，只见树影之下，跪着个“鬼”。司马懿心想：“我堂堂正正大将军，又没做亏心事，怕他作甚。”就大声喝道：“下跪之鬼有何冤情，且与我如实道来。”那“鬼”幽幽地说：“我叫史求生，生前家住温县，在经商途中被人杀害，温县令是个昏官，抓了无辜良民，却任真凶逍遥法外。久知你秉公执法，为民除害，小民才今夜打扰，望大人能为我申冤。”司马懿急忙追问：“请问那真凶是何人？”那“鬼”没有干脆回答其名，而是一字一顿地说出了 16 个字来，叫司马懿去猜。这 16 字是：一口天上，一口土下。屋旁有河，宅边有柳。说罢“鬼”便翻墙而去。

第二天司马懿带领卫士们去县衙那里打听案情，县令就将案卷和犯人交给司马懿。经司马懿审问，此案正是史求生遇害的案子。想起昨夜“鬼”的情况，司马懿喝道：快到“柳家湾”把名叫“吴吉”的人抓来。身旁的卫士们一听终于明白：“屋旁有河，宅边有柳”正是“柳家湾”；“一口天上，一口土下”不就是“吴吉”两字吗？心中都对司马懿暗自佩服。且说把吴吉抓来后，即把他打入死牢。随后司马懿又对先前那个被判为凶犯的人说道：“本人一向秉公执法，你的冤情一定要昭雪，我今天已烧化纸符，让那位为你申冤的史求生的亡魂三天之内送来诉状，你可暂给家人捎信报个平安，待本官得了诉状即可放您回家。”

三天后的夜里，果然“鬼”又出现了，司马懿接过那“鬼”的诉状，猛然把它撕碎，大喝一声：“给我将这‘鬼’拿下。”早已埋伏的卫士们一拥而上，当即把“鬼”抓住。经审问终于真相大白：那凶犯杀死史求生后，被捉拿归案，为求生路，和家人商量，花重金收买了一个善于飞檐走壁的贼人，装作“鬼”来嫁祸于人。众卫士们又惊又喜又佩服，问司马懿：“你如何认出“鬼”是假扮的？”司马懿说：“我从来不信世上有真鬼存在，况且我观察后院墙上有脚印，鬼的来去是不会这样笨拙的。于是我就将计就计引出此鬼，查明真相实情。”最后，无辜的吴吉被送回柳家湾。杀人凶手、装鬼飞贼则被绳之以法。

司马懿转兵洞　三国时期，魏太和四年（230），司马懿被诸葛亮使用“空城计”诈退，因为错失战机被人贻笑而懊悔不已。蜀国对司马懿故里（古晋城）窥探已久，有讨伐之意。司马懿却难以抽调更多兵力来保护故里。

司马懿亲自设计、绘图，并派大将、要员到温县监督，动用数万民工，建成转兵洞（又称藏兵洞、转军洞）。传说转兵洞全长 20 余千米，西起安乐寨村东北，入口处有厚石门和汉砖穹顶。向东 10 余千米至现温县县城东南司马懿观星台下的桃花洞，为一个西出口。再东行 10 千米至北平皋村（为司马懿夫人张春花出生地）为东出口。东出口是古平皋城旧址，南隔黄河与楚汉相争的古战场以及三英战吕布的虎牢关对峙，为古代兵家必争之地。

转兵洞洞内设计巧妙，变幻莫测。洞内设多处分支，分支七拐八岔，呈八卦阵式。不知底细者入洞即迷失方向，根本走不出来。洞内在重要处设有多个隐蔽的出口、通风口，在外边难以发现。洞内还设有藏兵处、休息处、屯粮处。

魏太和五年（231），诸葛亮率军攻打天水。司马懿屯兵长安，督雍凉二州，于汉阳、渭水和卤城与诸葛亮交战。诸葛亮败走，司马懿乘胜追击，俘斩蜀军甚众。诸葛亮十分沮丧，无计可施。后诸葛亮想出一计，准备派军攻袭司马懿故里，以扰司马懿军心。司马懿得知此情报后，遂派密使携锦囊妙计前往温县送予护驾庄守卫将领。诸葛亮先派密探前往温县刺探守军情况，密探入温后，沿途不断地看到有护卫军在调动、操练，一处是蓝旗军，另一处是黄旗军，下一处是绿旗军，交错分布，绵延数千米，却井然有序。密探回报，诸葛亮推断守卫的军队人数众多，且训练有素，遂取消攻袭司马懿故里的念头。

温县为何突然增加那么多的军队？原来是驻守护驾庄的将领依照司马懿之锦囊妙计，令 500 名守军，以转兵洞的多个出口为依托，身着不同颜色的军装，举着不同颜色的军旗，不停地出现在不同的地点，使蜀国密探难辨真伪。司马懿通过藏兵洞，不增派一兵一卒而退敌，被温县百姓传为美谈。有诗云：诸葛亮空城计退司马，仲达转兵洞惑孔明。诸葛亮得知实情后，不禁叹道：“仲达，高人也！”

安乐寨村的司马懿塑像（2020 年）

司马懿转兵洞的故事，影响深远。乃至清乾隆年间的《温县志》、民国年间的《温县志》上，均有转兵洞的记载。其功效曾被后来的多位军事家在实战中采用。著名军事家、共和国元帅彭德怀曾说：“司马懿是我们的军事教师，我们的持久战是从司马懿在五丈原对阵诸葛亮的战术学来的。河北平原的地道战，亦是从司马懿的转兵洞学来的。”

邙山的传说 司马懿见家乡面临黄河，背靠太行，正当南北交通要道，气候温和，物产丰富。于是，他在此设馆招贤，叫人设计了城市的图样，选派官吏，抽丁抓夫，在这黄河北岸清风岭一带建造城池。

过了几天，司马懿来到修城工地。只见车来车往，人头攒动，有挖土的，有拉土的，有打夯的，十分忙碌。看到这场面，司马懿高兴得捋着胡须直笑。正在这时，只见一个年约三十岁的妇女，向他走来。卫士们连忙用戟拦住，喝道：“大胆村妇，休得无礼！”谁知那村妇一点也不慌，只是平静地说：“我要见大将军。”司马懿听说，心想：“她找我干什么？”便问道：“你有什么事相告？”那村妇说：“闻听大将军修建皇城，特来助一臂之力。”

司马懿笑着说：“看你身薄力弱，也帮不了什么大忙。”那村妇不吭气，只是把手里的毛巾往前一举说；“大将军，你看这是什么？”司马懿叫手下人解开一看，原来是一捧黄土。

司马懿笑得前仰后合，眼泪都笑出来了。他说：“我道是什么宝贝，谁知是黄土一包。这黄土遍地都是，有你这一点我能修成城墙，没有你这点黄土我也能修成城墙。你的好心我领取了。”那村妇等司马懿笑够了，问了一句：“大将军果然不要这黄土？”司马懿说：“真的不要！”“那我可就要倒掉了，大将军休得后悔！”司马懿说：“我决不后悔！”村妇听到司马懿口气如此坚定，便笑了一声，把毛巾里的土拎起来，面朝正南，随手一撒，只见滚滚黄土直朝南岸流去，好像黄龙翻腾，蔚然壮观。眨眼之间，黄河南岸平川便矗立起一道土山。

司马懿和众人都看得呆了，正要去寻那村妇，那村妇已不知去向。司马懿大惊，站在那里，好长时间都没有挪动脚步。原来村妇是王母娘娘，她本来好心帮助司马懿修建城墙，谁知司马懿有眼不识泰山，都城因为缺土终没修起来，黄河南岸却多一道邙山。

司马城墙的传说 相传，东汉末年，东奔西闯大半生的司马懿为安享晚年，修安乐宫。该宫由里外双层墙包围，占地约 60 亩，城墙高 1 丈有余，最高处可达 3 丈，宽 1 丈有余，城墙上放置四五尺长的土炮，炮口呈拳头大小，用以防御外敌入侵，保护宫内安全。司马懿率领部下，耗费大量物力、财力、人力，仅靠肩扛手工土砌成城墙。此宫分为内城、外城。内城为主城，居住嫔妃之人。城墙将内外隔离，宛如与世隔绝的桃花源。从高空看，该城形状貌似一凤凰，西北角为凤头，东南角为凤尾。东西门酷似凤翅，给人以凤凰展翅腾空之美感。因此，该城又被人们称为凤凰城。凤凰城设东、南、西、北4门，4门建筑不同，功能各异，却同为人马出入。城墙外有护城河围绕，城门均设吊桥用来通行。与护城河仅一墙之隔的城内，留马道以巡逻之用。城门虽有东、南、西、北明确的方位分别，却并非真正的正东、正南、正西、正北方向，而分别处于东北、东南、西南、西北方向，据说这方向上的“失误”是其建造者“别有用心”，只可惜至今未悟出军事家在其中渗透的微妙与玄机。这方向上的迷阵虽难不倒长期居住的城内人，但对不熟悉的外来人讲，进东门却出不了西门，往西走近的南门误以为西。这方向上的迷惑或许就是军事家的“别有用心”吧！南门是正门，其规模也最大，在门阁上挂一牌匾，上书“安乐宫”三个大字。门上有门楼3间，内供神像，每逢年关或祭奠之日才准许人们登楼，上贡烧香，祈福于神，愿神灵保佑。众神之中有一坐南朝北的山神，据说该山神有抵抗黄河侵袭之功用。

司马懿土喷显神威 司马故里安乐寨村，三国时期称为晋城，当时司马懿为了在这里建城池，首先调集人马在村周围驻扎。为此他不惜一切代价火速修城，城墙完全是民工们用黄土铺垫石夯打平逐层建成的。

城墙周围近10千米长，五六丈高，三四丈宽，上面修有城堡、哨所，上面能跑马射箭防御敌寇。城墙的东西南修有城门，完全是青砖石头砌成的，城门口安有两扇大门足有七八寸厚，战车畅通无阻，但不修北门，因为司马懿很相信风水，为了保护这块风水宝地不受破坏，所以不让修北门。白天城门敞开，大队人马浩浩荡荡行走，到了晚上城门关闭，哨兵巡逻更鼓长鸣，安全无恙。

为了保证城寨安全不受侵害，司马懿还调用了许多工匠用生铁铸就了多支土喷（土炮）来作为重型武器抵御敌人。土喷有3尺多长，呈圆形，直径有6寸，两边铸有铁鼻能固定在战车上。土喷内能装上几斤火药，然后再捣满铁片、铁钉、铁蛋。战斗时用火香点燃导火索，火药爆炸响声如雷，铁片飞溅能打十七八丈远。

有一天夜里，从西边孟州城来了一群强盗，手持刀枪，抬着云梯来偷袭，想进来掠夺民财。走在最前头的那个人五短身材，肥头大耳，手提一把红缨长矛，气势汹汹地带领人马向城根逼近。这时巡逻的人发现有人来袭击城寨，急忙禀报给巡逻的火炮手们，

邙山北岸的安乐寨村黄河滩区（2012 年）

火炮手们用土喷对准敌寇，用火香点燃导火索。刹那间十几支土喷发出隆隆巨响。火光像喷泉一样地射向强盗，铁片飞溅。炸得领队的那个肥头大耳的人当场倒地，吓得其余受伤的强盗鬼哭狼嚎，抱头鼠窜，丢下武器一溜烟地向西逃跑了。从此以后人们都知道城上的土喷威力无穷，再也不敢来冒犯安乐寨村了。

观星台观星 据安乐寨村民杨历山（已故）讲述，在司马昭所修的晋城西南角外边有一观星台。观星台全部由大砖垒成，高三层。第一层高丈余，占地 10 余亩，外呈正

方形；第二层，高约 2 丈，面积约半亩，呈圆形；第三层高约 2 丈，占地面积约 0.1 亩。

相传，晚年的司马懿在一年夏天的一个晚上，带领其子司马昭、孙司马炎，在观星台中央坐着观看星空。其孙司马炎观看到西南天空一颗明星突然陨落，便手指着落星的方位让司马懿看看。不料司马懿却低头思索着，掐指一算，哈哈大笑，说司马家族大有前程也，司马昭、司马炎不解，司马懿却不解释，说很快就会应验。

到了秋天，暑热还未散尽，司马懿便率魏兵大举伐蜀。结果，魏蜀在五丈原交战，蜀相诸葛亮（字孔明）因心力交瘁去世，蜀军大败。司马懿这才解释道：明星陨落，预兆孔明将逝；孔明逝去，吾族再无劲敌也，必将兴盛。

多年后，司马昭灭掉蜀，不久司马炎称帝建立晋取代魏，接着司马炎又灭掉吴，使魏蜀吴三国归晋，开创了司马氏家族西晋、东晋王朝的基业。抗日战争时期，观星台被日军所毁。

传承历程　司马懿传说起源于三国后期和晋初，司马懿因功勋卓著，贡献巨大，故乡人民喜爱他、尊崇他，在人们心中成为大英雄。其孙司马炎立晋后，追封司马懿为晋宣帝，尊崇之风日甚，有关他的传说故事在温县百姓之中广为传诵。

清朝时期，温县怀庆鼓书艺人杨志，口才极佳，就把流传于百姓中的司马懿的许多故事编为鼓书，并加入了许多能引起听众共鸣的情节，通过演出，进行传唱。由此，司马懿传说流传范围更为广泛。司马懿传说内容经过历史上长期不断的加工后，情节也更加丰富完整。如《如来佛祖两试神奇》《孝敬里村名由来》《转兵洞胜过空城计》《王母娘娘助修邙山》等。因故事性强，受到听众喜欢。

民国初期，司马懿传说的流传达到鼎盛时期，在深度和广度上进一步扩大，开始走出黄河流域，传遍全国各地。

申报“非遗”　中华人民共和国成立后，在温县文化部门的支持下，安乐寨村对司马懿传说进行系统的挖掘、整理。经过多年的努力工作，整理出多个有关司马懿的传说故事。2010年之后，为了更好地保护、传承司马懿传说，安乐寨村开始申报非物质文化遗产。

2013年6月，司马懿传说入选焦作市非物质文化遗产代表性项目。申报成功后，安乐寨村民备受鼓舞，一边继续挖掘司马懿传说，一边开始筹备申报省级非物质文化遗产。

2020年2月，司马懿传说入选河南省第五批非物质文化遗产代表性项目。

司马懿得胜鼓

历史渊源　魏景初二年（238），司马懿率四万步骑军队北伐辽东公孙渊，北渡黄河途经家乡温县时，在安乐寨村西的虢公台上，宴请地方官吏和家乡父老，乘兴令乐队演奏得胜鼓乐，隆隆作响的鼓声震天动地，威武雄壮，催人振奋。

众人被得胜鼓昂扬奋进的节奏所震撼，纷纷恳求司马懿将此鼓曲赐给家乡。司马懿欣然答应，令人传授。得胜鼓乐从此由军队传入温县民间，后人称此鼓曲为“司马懿得胜鼓”。

发展历程　司马懿得胜鼓的传承和发展，是一条曲折漫长的道路，历经诞生期、传

安乐寨村举办《司马懿传说》研讨会（2011年）

承期、低潮期和振兴期四个历史时期。

诞生期。司马懿为鼓舞士气、庆贺胜利，命军中乐师按照“宫、商、角、徵、羽”五声关系，选用鼓、镲、鞭鼓、云锣、月锣五种打击乐器，创编鼓曲。乐师经过编排、整理，创作出一部完整的得胜鼓鼓谱。

得胜鼓乐曲共有十二回，分别为第一回天罡、第二回地藏、第三回神道、第四回人主、第五回日幢、第六回月题、第七回星纪、第八回云桥、第九回风发、第十回雨师、第十一回雷霆、第十二回电掣。前八回鼓乐缓慢起伏，后四回鼓点达到高潮。每回表示一个月，象征着月月打胜仗，年年奏凯歌，每一回的打法各不相同。该曲运用统一、对比的艺术手法，塑造鲜明完美的艺术形象。鼓曲节奏明快，音色优美，铿锵有力。鼓曲完成后，司马懿很满意。下令将士出征时，用得胜鼓送行，以壮军威；将士凯旋时，用得胜鼓相迎，以庆胜利。

传承期。司马炎称帝建立起西晋王朝后，凡举行大型庆典活动，司马懿得胜鼓均在庆典仪式上表演，轰动京都洛阳。同时，司马氏家乡安乐寨的得胜鼓也逐步扩展到孟州、济源、沁阳、博爱、修武等地。

唐宋时期，得胜鼓流传范围得到进一步扩大。1991年，在温县县城西关出土的宋代古墓中，发现有艺人击大鼓的砖雕。

低潮期。民国时期军阀混战，社会动荡。后来日军侵华，民不聊生。百姓离乡背井，逃荒要饭，甚至死于战火和饥饿，根本没有财力、心情从事文艺演出。司马懿得胜鼓演奏活动，处于低潮期。

振兴期。中华人民共和国成立后，安乐寨村民生活逐渐好转，特别是改革开放以来，随着村民生活水平的提高和庆典活动的增多，在老艺人的身教口授下，司马懿得胜

司马懿得胜鼓演出现场（2007 年）

鼓的演出活动逐渐兴起。安乐寨村领导积极支持、推介，多次组织人员到招贤乡、温县城、焦作市和省会郑州演出，使流传千年的司马懿得胜鼓曲再现辉煌。

1988 年春节，安乐寨村的司马懿得胜鼓演出，获得焦作市“腾飞杯”锣鼓大赛一等奖。是年 9 月，参加河南省第一届艺术节，获得优秀表演奖。

1992 年，参加温县国际太极拳开幕式的大型文艺表演，受到中外宾朋的好评。

1994—2001 年，连续多年夺得温县春节文艺调演鼓乐比赛第一名。

2003 年，因司马懿得胜鼓受到各界关注、好评，安乐寨村被河南省文化厅命名为“河南省民间艺术之乡”。

2006 年 8 月，安乐寨村启动司马懿得胜鼓的省级非物质文化遗产申报工作。培训队员 120 人，其中有女队员 12 人。

2007 年 2 月，司马懿得胜鼓入选河南省首批非物质文化遗产代表性项目。

相关器具　司马懿得胜鼓的相关器具有乐器类、仪仗器具类两大类。

乐器类：乐器类有大鼓、大镲、云锣、鞭鼓、月锣。

大鼓：凸圆柱形，槐木鼓身，上等牛皮鼓面，红色镶绿边。直径 120 厘米，厚度 60

厘米。每队以 12 数配置，鼓槌用核桃木制成，头有一圆槌，尾系彩绸。

大镲：青铜质，直径 30 厘米，芯凸，直径 6 厘米，上有小孔，可系彩绸，中厚边薄。每队以 24 数配置。

云锣：俗称二锣，青铜质，面凸，直径 21 厘米，和月锣固定在一竹架上。锣板长 20 厘米、宽 3 厘米，为上宽下尖槐木薄板，厚 0.5 厘米。每队以 24 数配置。

鞭鼓：外为圆柱形，内为圆锥形，外径 23 厘米，鼓面为上等羊皮，芯径 5 厘米，柿木鼓身，鼓棒由竹子烤制而成，长 40 厘米；头弯，弯部长 5 厘米。每队以 24 数配置。

月锣：俗称叫沟儿。青铜质，锣面平，直径 10 厘米。每队以 24 数配置。

仪仗器具类：仪仗器具类有大锣、炮铳、黄罗伞、旗。

大锣：两面，青铜质，直径 60 厘米，列于队首，用于开道。

炮铳：20 杆，每杆 3 个炮眼，可单放亦可连放，列于队前，用作开道造势，彰显军威。

黄罗伞：1 面，伞柱高 4 米，伞高 1.2 米，伞径 1 米，由黄色锦缎所制，下缀丝穗，上绣金龙两条。

旗：每队有中军大旗 1 面，旌旗 10 面。中军大旗高 3 米，宽 1.5 米，红底黄边，上书“司马懿得胜鼓”金字，两边金龙各 2 条，旌旗为三角形，红、绿各 5 面，一旗一龙。

传承谱系 司马懿得胜鼓由军队传入民间，因年代久远又无文字记载，其传承只能靠面授、口传和符号记载。

古代，因民间艺人不懂得乐谱，鼓歌（谱）只能用圆圈、叉号和竖线表示。圆圈代表大鼓、大镲合击，音为“咚”；叉号代表鞭鼓、云锣合击，音为“咣”；竖线表示月锣的单击动作，音为“呔”。为便于学习，亦将鼓歌（谱）用符号代替写在墙上，一代一代地传承。

经考察，从清康熙初年开始，安乐寨村司马懿得胜鼓的传承谱系：第一代杨福元，第二代杨可信，第三代王百昌，第四代杨春浦，第五代王德俭，第六代杨春俊，第七代王怀山。

中华人民共和国成立后，传至第八代杨文清、杨高祖，第九代王朝义，第十代杨成祖，第十一代杨文山。

司马懿得胜鼓申报非物质文化遗产成功后，各级确定的传承人：省级“非遗”代表性传承人杨成祖、杨文清，市级“非遗”代表性传承人杨文山、王洪福，县级“非遗”代表性传承人杨明军、王恒义、王建邦、杨文勇。

在安乐寨村南的黄河岸边展示司马懿得胜鼓（2007 年）

杨四将军传说

历史渊源 杨四又名杨小四，有时被写作杨泗。生活于明代，是安乐寨村杨姓族人的先辈。相传因多次为百姓做好事，受到百姓的喜爱、敬仰，被尊奉为“水神”。明代，杨四被明成祖朱棣封为“将军”。清代，被康熙帝封为“镇东侯”“总理江湖河道翼运平浪元帅”。此后，温县百姓对他的尊崇之风达到顶峰，修建多个祭祀他的庙宇。

传说故事 杨四作为广受百姓尊崇的“水神”，其传说故事较多，内容多以帮助百姓渡河、化解黄河水灾为主。传说主要有童年传奇、战巨浪助渡船、助乡亲运货、战龙王告御状等。

童年传奇 明永乐元年（1403）农历六月初五，温县小营村杨整家一产妇将要产子。夜里，杨整做了一个梦，梦到正与治水的大禹一起交谈。忽闻鼓乐丝竹之声由西南而来。杨整和大禹一起出门去看。但见旌旗五色，众人喝道，浩浩荡荡的一大队人马，好不威风！队前拥一童子，唇若涂朱，面似敷粉，骨秀清妍，确像天上麒麟子，正风驰电掣一般，扬鬃奋蹄，迅疾而来，杨整正看得发呆，不料那童子已到面前下马，倒头便拜。直吓得杨整后退几步，“啊呀”一声，惊出一身冷汗。大禹忙笑着把他扶住说道：“别怕，别怕，这正是你的重孙子！九千九百九十九年前，曾跟我跨南走北，习学治水，此后必有大用，你一定要好好养育才是。”杨整大喜而醒，疑惑难解，急把此梦告诉了全家人，并吩咐家人秉灯执笔记下了这件事。

等到天明，杨整家一男婴便呱呱坠地。婴儿尽管胎毛未干，血水遮体，却与杨整梦中仙童不差上下，全家人大喜。因婴儿在杨家排行老四，故名杨小四。

杨小四自幼喜欢玩水，常同门口一些小儿在一起用锥刀、棍棒之类器物临水凿池，并用树叶、秫秸秆编作各式小舟，在水上荡漾。小舟行走曲折有致，孩子们很高兴常玩得废寝忘食。长到七八岁，杨小四就常到坑坎沟洼处潜水。一钻进去，好长时间连头也不露一下。开始乡亲们还以为出了事，过一会他竟远远地嬉笑而出。人们开始发现杨小四的不凡。

大家时常唤他潜入深水险水处捞农具什物、搭救落水人性命。小四自幼承其家风，对邻里父老所央求的事情，有求必应。一天，小四潜入河底救人，足足有大半天没有露头。乡亲慌了神，都挤到堤岸上大呼小叫，却不见人影。几个水性好的正要脱去衣裳，下河打捞，只听河水“咕嘟”一声，小四从浪花中钻了出来，怀里正抱着那个掉下河里的人。大家慌忙把那人接上岸来，小四却一弯腰，从裆下拉出一条大鲤鱼。看时，那鱼足有七八尺长，活鲜乱跳，扭动弯曲，想要挣脱出去，小四死抱着不放。上得岸来，大家把他围个水泄不通，急急地催问他到底出了什么事。小四气愤地说道：“刚才我捞了人，正要上岸，东海龙王亲派鳖使非请我到那里做客不可。听见大家呼喊，我急着要来，龙王才递我这条红尾鲤鱼，再三劝我以后少管水域闲事。哼，伤生害命的事，非管不可！后来一想，给鱼就吃，今天我把这鱼请了众乡邻了！”大家听了又担心，又高兴，担心的是龙王以后还会兴风作浪，危害黄河两岸村民；高兴的是龙王还怕小四，要不怎

杨四将军牌位（2010 年）

安乐寨村民在讲述杨四的传说（2016 年）

么会请呢？有小四在自然会消灾灭祸。

战巨浪助渡船 杨小四长到 12 岁时，黄河水陡涨，小营村前变成了渡口。杨小四的爷爷自制了一条大船，往来渡人，分文不取，小四在船上帮忙。这一天，河水十分凶险，小四又刚好因事不在船上。船到河心，突然遇到了一个大漩涡，任船工怎么划，也没前进半步，眼看着连船带人都要沉没下去。船上坐的大都是到河对岸探亲的乡邻，大家的心都提到了嗓子眼。

忽然一股黑风，掀起一股黑浪，看时足有房檐高低，直朝着船舱压来。会水的跳进水里，不会水的，哭天抢地，眼看着小船蜗牛漩一样下沉。猛听一声高喊：“我来也！”不知什么东西在河底捧住了船，跌下河里的人，不但沉不下去，反觉得有什么物件在向上抬着自己。不一时，船和人都露出了水面。只见杨小四站在水上，如履平地，高高地举起一根几十丈长的桅杆，桅杆顶端系着一个说不清多大的渔网，船和人都在网里被拉了出来。他两步赶到船边，手指将船一点说声：“走！”那船竟像箭一样，冲出漩涡，朝对岸射去。

战龙王告御状 一年的农历六月初六，黄河发大水，水冲北岸一大块一大块地塌陷，沿岸农户走得急的，丢了家产，逃了个活命；走得腿脚慢的，都成了水府冤魂。

杨小四站在船上，他面朝东方，直对着龙宫大骂。不一会儿，看见东边波涛上涌出黑压压一大帮持戟操叉的妖怪，为首一个朝小四喊道："龙王怪罪下来，说你不知好歹，有意与我们水族为难。凡入水域之人，不管老弱妇孺，强男彪汉，我们要食便食。干你何事！你要再敢跟俺作对，把你家乡的清风岭也要变作汪洋一片！"小四也不搭话，怒吼一声，朝他们便去。杨小四的爹在船上，只一个劲地朝着东方磕头。也不知过了多久，只听一阵水声，猛抬起头来，但见河岸也不塌了，水也变清了，整个黄河水哗哗地一个劲地下落，转眼工夫，就完全归了河槽。只见被水淹死的人在河滩上躺了一地。

杨小四的爹爹正暗自吃惊，忽见小四从东边踏波而来。上得岸去，只朝那些尸体吹口长气，但觉异香扑鼻，那些尸体一个个蠕动起来，伸腰蹬腿，不一会儿像困倦时睡了一觉一样，打着哈欠，慢慢地从地上站起。

杨小四回到船上，他爹扑通一声跪了下来，口中叫道："儿呀，你是神灵，我替这些死而复生的人谢你了！"小四急忙把他扶起，说道："我乃天上小儿，刚才与龙王论理，初时他还不服，后来见我要去玉帝那里告状，才吓得他赶快取出一个小瓶，对着黄河，收了恶水，并叫我吃了一把灵芝草，服下一把仙丹，上岸来救这些被水淹死的人。我重任在身，不能久留，今后儿也不能在父母面前极尽孝道。儿今去也，望保重！"说罢一跃跳入水中，像龙蛇游动一样，直奔东方，转瞬不见。

杨小四爹和众乡亲跪在河边堤岸，一边祷告，一边呼唤。不到吃顿饭工夫，只见杨小四持一竹节小鞭，从上游踏着一片树叶而来。来到岸边，向岸上乡亲拱手道："我已向玉帝奏明沿河两岸村民受灾情况，玉帝降罪龙王，并令他将黄河隔几年靠南山脚下流一回、隔几年再来北边流一回，两厢轮流，叫两岸黎民都能种上几年好田。这不黄河就要走了。小四亦去也！"

眨眼间，小四已经不见了，黄河也忽然滚向了南边的邙山下。当天夜里，全村人同做一梦，梦见杨小四因报灾治水有功，已被玉帝封作了治水将军，凡有用时，召之即来。于是村人及附近村民遂捐资立庙，把杨小四供奉起来。

后来，明成祖朱棣闻听杨小四的故事，便封杨小四为"将军"，百姓尊称为"杨四将军"。

助乡亲运货 根据安乐寨村老人杨文江讲述，清代安乐寨村的杨义是个巨商，家有良田千亩，骡马成群，生意门面房遍及百里以外，在全温县是赫赫有名的绸缎庄富商户。他有一次在外购买了一大批绸缎货，运到黄河南岸渡口，准备装船过河，不料，老

天不作美，刮起了狂风，5000 米宽的黄河水面顿时掀起 10 余米高浪头，河滩飞沙走石，一片黑暗，什么也看不清了。

杨义心中十分焦急，嘴里不住地唠叨着："不好了！不好了！今晚是过不去河了，只好等到明天吧！"可是他没有想到，第二天大风仍刮着不停，而且更大。他更没有想到，大风连刮三天三夜仍然不息！无奈之下，他只好叫随从买些香钱，拜乞河神了。晚上他跪在地上，点燃香钱，嘴里念念有词："河神爷爷在上，小人杨义在这里向您老人家许愿：我家住在黄河北岸司马故里安乐寨村，只要明天大风不刮，平安把货运过河去，我愿在司马懿安乐宫修建大庙一座。"许愿过后，三拜九叩，起身回店去了。当天夜里他做了一个梦，见一个身材高大，体态魁梧的大汉，手持宝剑，披挂整齐，口称他是皇封的将军杨四，老家也在黄河北岸司马故里安乐寨村，今看你是同村同族子孙，就让你们平安渡过河去吧！杨义醒来出了一身冷汗，连忙起床，跪在地上，口喊大老爷在上，请受孙子一拜。第二天，果然晴空万里，风平浪静，众人忙把货物装上船，一帆风顺，平安到达黄河北小营村渡口。

第二年，杨义就筹资修建大庙，因杨四将军是明朝永乐年间皇封的将军，弟兄排行第四，就把他称为杨四将军，大庙修成后，命名为杨家庙。后来他显圣保护众乡亲和一方人民，一年四季风调雨顺，生活安居乐业，年年庄稼丰收，四方百姓都尊称其为"杨四爷"。每年春节，温县周边府县民众都从四面八方赶来，到司马故里温县安乐寨杨家

《杨四将军传说》研讨会（2018 年）

庙焚香烧纸祭奠。

传承历程 清代，杨姓家族有鼓书艺人杨志，开始把诸多杨四的故事编成鼓书，在四乡八里游走，到处传唱。由此，“杨四将军传说”广为传扬。

清朝后期，杨四的传说故事传至河南、山东、山西、陕西、湖南、广东等地区。在流传的过程中，有人不断添加杨四显灵、救助百姓、布云降雨等内容，使传说越传越神奇，逐渐形成一种独特的水神信仰文化。

清代，安乐寨村的杨家庙中有多个有关杨四的石碑。清道光二十一年（1841）《重修镇东侯四将军庙碑记》载：“庙之有祀，所以奉神灵报功德也。《礼记》曰：‘能捍大患则祀之；以死勤事则祀之；凡有功德于民者，殁而祀之，宜也。’”又曰：“神禹对整曰：‘是尝从予善治水者，以是为汝孙，汝好养之’”。

申报非遗 改革开放以来，安乐寨村开始注重“杨四将军传说”的挖掘、整理工作，多次组织村里的老年人回忆、口述有关杨四的传说故事。

2009 年 2 月，安乐寨村委会投资编写出《杨四将军传说》一书，受到温县文化部门的好评和重视。

2020 年 12 月，“杨四将军传说”入选焦作市第六批非物质文化遗产代表性项目。

◉ 碑刻

明郑藩宗室镇国将军五乐暨夫人丘氏合葬墓志碑 为明代墓志。1986 年，出土于安乐寨村民杨德启家中。经文物部门鉴定，具有较高的历史、文化价值，遂存放于温县文化馆陈列室。

墓志内容如下。

明郑藩宗室镇国将军五乐暨夫人丘氏合葬墓志

万历壬子余曾叔祖五乐公卒已逾三载，而丘夫人亦继卒焉。其仲子中正将卜期而葬，遵故事余叨宗子，当勒石志于墓，分不可辞，谨按。

东垣世系，自为志曰：将军讳载岦，五乐其托号耳。先高祖东垣荣昭王第五子也。嘉靖三十四年二月二十一日妾胡氏庶生，隆庆三年十月二十八日诰封

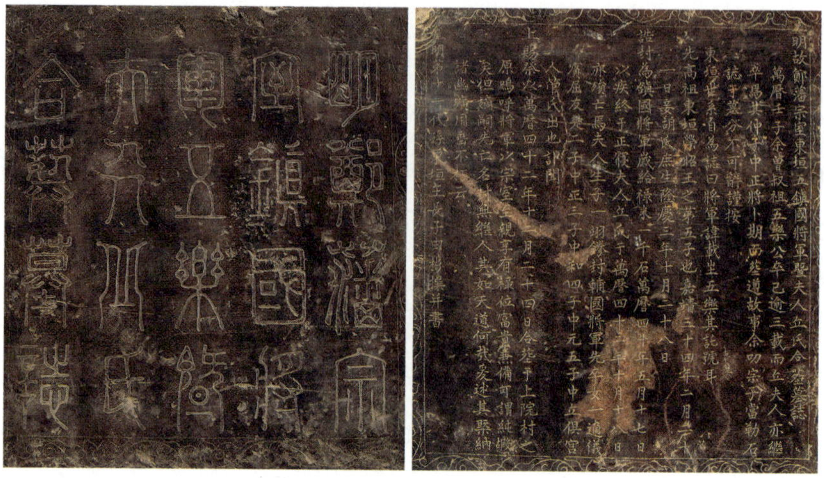

明郑藩宗室镇国将军五乐暨夫人丘氏合葬墓志

为镇国将军，岁给禄米一千石。万历四十年五月十七日，以疾终于正寝。夫人丘氏于万历四十二年十月十八日亦殒亡焉。夫人生子一翊，貤封辅国将军，先卒。女一，适仪宾屈友楚。二子中正、三子中和、四子中元、五子中立。俱宫人管氏出也。讣闻上赐祭以万历四十二年十二月二十四日合葬于上院村之原。呜呼，将军以宗室至亲，享有禄位，富贵兼备，可谓纯嘏矣！但嫡嗣先亡，名封无继人，其如天道何哉！爰述其概，纳诸幽圹，用垂不朽云。

皇明第十一代孙东垣王长子由彬撰并书。

本府太老爷傅公生祠碑　该碑立于明崇祯十年（1637），后不知所踪。改革开放后，被安乐寨村民发现，立于安乐寨村司马懿广场。此碑为发现的最早提及“安乐寨”名称的石碑，是司马懿故里在安乐寨的有力证据。

杨将军祠碑　位于安乐寨村杨家庙内，清道光十五年（1835）六月立。民国《温县志》对该碑有记载，“文化大革命”时期，被毁坏。碑文如下。

杨将军祠（有二）一在县西安乐寨，清嘉庆十七年创建。一在县西南地字二十二号七区，清道光十九年建，民国四年重修。

家传：七公、八公者。将军诸父也。幼好武，长嬉游侠，轻财重义，勇力绝伦。明天下初定，余贼犹为患，而河北更甚。有大盗名勉者，不知何许人也，聚党数百暴于温，掠人财女，民咸苦之。七、八二公其祖整由山西洪洞迁温，作室于小营村西南里许，家焉。耕田为业，农隙讲武。当是时，小营村有徐、桑二老人，患勉侵掠，因率子弟请二公迁居村内，以为保障。二公欣然从之，日夜教子弟武艺。勉闻之，不敢进村边，乃迁怒于东北诸村民。日控告县公，不能制。书榜招募，有能得勉者，赏百金。二公遂应募，逐勉于作礼村南。有吉公政，亦率众邀击之，二公遂生擒勉送县。县公置酒劳之，赏百金。吉公政亦于是著名焉。勉之为乱也，受害者数十村，而小营旁近得以安居乐业者，徐、桑二老请二公之力也。惜乎未得大用耳。二公兄阡生将军，将军本行四，因讳也。初生时，其曾祖整，年七十二，梦与神禹言，少顷闻有鼓乐之声

本府太老爷傅公生祠碑的正面、背面（2020年）

自西南来，遂邀神禹出门视之，见旌旗五色，众人喝道，拥一童子乘白马至门而下，拜谒如礼神。神禹曰：此尔孙也，尝从予善治水，汝好养之。”谆谆者三。整大喜而寤，深疑也。及旦将军生，整遂告其祖深、父阡：为志祥瑞兆。时永乐元年六月六日也。稍长，与邻儿戏，好在水旁以锥凿池为小河，注水，编树叶秫秸为舟，行之曲折有致。年八岁，浴于坑坎学入水，移时不出，父疑其死，哭之，出无恙。如是者屡矣。年十二，黄河北徙，小营村前成渡口。其祖及诸父作一舟，渡人不取值。是年六月初六日水暴涨，适令其看守渡舟，遂

重修安乐寨碑（2020 年）

敕封镇东侯杨家庙碑（2020 年）

坐舟头，手持竹节小鞭，以足激水戏。父往唤，不应，父怒唤之，即应曰：我天上儿，今往矣。”父大怒曰：“汝疯狂耶！”趋执之，欲携以归家，未及落水。父顿足大哭，祖及诸父闻，亦哭。转瞬见其从上流乘一木板，长丈许，嬉笑而来。众大惊，呼之，复入水，伸首作龙蛇状，顺水东下，不知所终，于是祖及诸父归，告其曾祖整，整戒勿哭。曰：此子神灵，非吾家所能存也。乡党间群疑以为异。明年是日夜，乡人同梦，言其受封为将军，主治水。因共捐资财，立庙祀之。余生也晚，见其庙，闻所传，故笔之于书，以为家乘也。六世孙元修撰文，八世孙远昌抄录，十七世孙峰青书丹，道光十五年六月六日立石。

重修安乐寨碑 位于安乐寨村中，清同治八年（1869）五月立。该碑为安乐寨村重要的文物之一，后移至司马广场。

敕封镇东侯杨家庙碑 位于安乐寨村祠堂街杨家庙院内，清同治九年（1870）十二月立。改革开放后，该碑移至司马广场。

敕封管理河神杨将军祠碑 立于安乐寨村杨家庙院内，清同治九年（1870）十二月（又称嘉平月）立。该碑对杨四的情况予以介绍，为安乐寨村重要的文物之一。“文化大革命”期间，被毁遗失。改革开放后，残碑被村民发现，终于重见天日。

民国总统府顾问王文郁碑 1934年，安乐寨村籍民国总统府顾问王文郁去世，其胞弟、清附生王文彬特为王文郁撰文，并书丹。此碑置于棺椁前随棺椁埋入安乐寨村王氏墓地。约10年后，经人指点，王家把王文郁等先辈墓迁往孟县。此墓碑被发现，内容被拓下后，再次随棺椁入土。

敕封管理河神杨将军祠碑（2020年）

民国总统府顾问王文郁碑（2020年）

◉ 匾额

安乐寨历史悠久、文化底蕴厚重，人杰地灵，民风淳朴。村民历来重视农业生产，重视文化教育。清代，安乐寨村出现杨碾、杨士俊等做事勤勉、为民造福的贤士。民国时期，村里出现王文郁、王培仁等身为高官，一心奉公的名人。

功德匾额是某个人成就的象征，是受人尊崇的象征。安乐寨村有多块功德匾额，彰显出安乐寨村历史厚重，人文昌盛。这些牌匾在铭记前人功德的同时，也为后人树立榜样，使村里古朴的家规、家训、家风得以传承。安乐寨村中的匾额主要有“德芘桑梓”“後世不忘”等多块，但很多实物已遗失。

“外翰林”匾额　为道光年间，赠恩贡、文史学家杨碾的匾额，由段晴川［温县大玉兰村人。清道光十七年（1837）丁酉拔贡，保和殿廷试一等第一名。曾任内阁侍读学士，诰授通奉大夫］题写。

“劳劬莫名”匾额　为民众赠送道光年间举人杨秉恒的匾额，落款“全县绅首鞠躬”。

“忠烈千秋”匾额　为道光年间赠进士、翰林院待诏杨联光（系杨碾弟）。

“德芘桑梓”匾额　为清代同治年间，安乐寨村民赠寨主王德敏的木质匾额，尚书“德芘桑梓”。为楠木材质，原为蓝底金字，后色彩逐渐褪去，成为一普通的木板，曾被

“德芘桑梓”匾额（2010 年）

"後世不忘"匾额（2015 年）

当作床板使用。后曾想改做家具使用，因木板结实、沉重，字体深凹不平，木工难以加工处理，暂时搁置未动。2008 年，兄弟书屋建成后，被保存于兄弟书屋中。

"柳下共荫"匾额 为清同治年间，安乐寨村民赠安乐寨寨主王德敏。

"松鹤同春"匾额 为清同治年间，百姓赠乡绅王德钦。

"贡员"匾额 为清同治年间百姓赠贡员王梅。

"後世不忘"匾额 为清光绪年间，学子赠送给在外地教书的安乐寨籍文人杨九道的匾额。

"德隆望重"匾额 为清光绪年间，赠举人王豫修。

"德重泽宽"匾额 为清光绪年间，赠教书先生王玉岭。

"文魁"匾额 为清光绪年间，赠举人王朝璧。

"明镜高悬"匾额 为民国初年，孟津县民众赠两任孟津县县长王培仁。孟津民众在村里举办隆重的挂匾仪式，规模空前。

"惠我无疆"匾额 为民国初年，温县单庄村民赠乡绅王信璧。

"佛手仁心"匾额 为民国初年，患者赠郎中杨应堂。

兄弟书屋中的书架（2020 年）

风土民情

安乐寨村民风淳朴，村民勤劳智慧，长期以尊老爱幼、耕读传家为家训，在社会上安身立命，艰苦创业，逐渐形成具有地域特色的风土民情。村里的土特产有山药、地黄、牛膝、菊花，美食小吃有豆沫、小笼包子、糊涂凉粉、油条、糖糕、菜角、碾馔等。此外，当地的婚丧嫁娶、传统节日，也有一些独特之处。尤其是村里的方言土语，乡韵十足，特色鲜明。

◉ 美食小吃

豆沫 豆沫，又名米茶。安乐寨村的豆沫历史悠久，传说司马懿招待客人曾用之。主要原料有小米、铁棍山药粉、生姜、黄豆、粉条、芝麻、豆腐、香菜、韭菜等 10 余种。制作流程是将精制小米、生姜、铁棍山药粉、花椒粉、大料（八角）粉，混合一起，用小石磨将上述几种原料细磨成较浓液状，放入沸水中煮熟，再将煮熟的黄豆、粉条、豆腐（油炸切成块状）、芝麻（炒熟碾压碎），盐适量，香菜、韭菜（切成 3 厘米长碎段）置入锅中，搅拌均匀，即可出锅。

豆沫营养丰富，口感香浓，具有开胃健胃、增加食欲的作用，老少皆宜，特别是对老年人更为适用。据豆沫店经营者村民杨海青讲述，豆沫实为具有地方特色的美味佳肴，适应早餐，一个摊位在一般情况下可销售 250 碗。据说温县北贾村有一老太，因胃病手术食欲减退，体重下降 10 千克，连续食用豆沫 20 天，体重增加 3 千克，成为店中常客。

2000 年前后，后街杨海青一家到温县县城经营豆沫，刚开始是摆地摊，将豆沫作为早餐售卖。后来在实验中学附近开了一家店——杨记豆沫店，主要服务中小学生、附近

豆沫（2020 年）

糊涂凉粉（2020 年）

居民和过路行人，也有个别客人慕名而来。杨海青将技术传授给其女儿，和女儿共同经营豆沫生意。

糊涂凉粉 糊涂凉粉，始出于温县冉沟村。清同治年间，冉家后裔投亲到和安乐寨村相邻的招贤村，将其制作工艺传至招贤村、安乐寨村，传承六七代人，此美食小吃在安乐寨村一带很有名。

主要原料为精品绿豆。制作工艺流程：将精选后的绿豆放在清水中浸泡 5 ～ 6 个小时，之后用石磨磨成糊状，再用密度为 150 目罗过细，澄清后，将上边清水反复倒出，搅拌均匀后糊入沸水中，煮熟即可，成品成淡绿黄透明稀粥。

糊涂凉粉营养价值高，爽口养胃，有清热解毒的功效，老少皆宜，适宜早餐。就餐者可根据个人需要，加点白砂糖，更有风味，搭配油条、糖糕或小笼包子皆可。

糊涂凉粉由于属稀有佳肴，前来品尝就餐者特别多，涉及郑州、焦作、新乡、洛阳等地。

碾馔 也称捻转、撵转、碾转，是安乐寨村有名的一种地方特色小吃，有 1000 多年历史。清代潘荣陛《帝京岁时纪胜 · 时品》中有“麦青作撵转，麦仁煮肉粥”的句子。碾馔的主要原料为即将成熟的小麦、食盐、鸡蛋、味精、食用油、黄瓜、大蒜等。制作流程：在小麦麦秸秆完全变黄、麦粒吸浆将满、外表基本变硬、粒内仍有浆体形状时，将其穗头齐腰摘下，扎成整齐的束把。在木板上搓去麦芒与壳，只留下带青皮的籽儿，俗称“麻麦”（麻麦肥嫩味美，极耐咀嚼，是小孩和年轻人最爱吃的青物之一）。生起火，锅里烧开一丁点儿水，麦籽下锅，用大铲子翻来覆去地炒，浓郁的麦香被一点点激发出来。然后把炒熟的麦籽摊到草席等干净的地方晾干。接着把这些麦籽倒进簸箕，边搓边簸，去掉麦粒的包皮剩下干净的青麦粒。最后把麦籽放到石磨上研磨，就能磨出好吃的碾馔。

安乐寨村人吃碾馔由来已久。相传，安乐寨的先民们自明朝初年从山西洪洞县移民到此，当时到处一片荒芜，人烟稀少，生存环境十分恶劣。他们起早贪黑劳作不辍，开垦出许多田地，种上麦子，怎奈当时生产力低下，只能望天收，常年过着忍饥挨饿的生活。每年农历三月底四月初，是青黄不接的时候，家中收藏的秋粮和干菜类均已吃光，夏粮（大麦、小麦）还未成熟，农户家中早已断粮，不少人便到麦田中剪些麦穗充饥。

制作碾馔（2018 年）

起初人们先将麦穗蒸或煮熟，然后在青砖上揉搓，去糠，直接食用麦子。由于原粮不宜消化，容易吃出疾病，一农户便试着将鲜嫩的麦子加入石磨中推磨，从磨沿里转出 5 厘米长的条状物，食之清香可口，这种吃法在村内传开，人们纷纷效仿。由于此食品是从磨中转动着吐出，犹如人们用手捻成一般，便称“捻转”。至清代，每年春天，小满节气过后，小麦已灌满浆，人们便到麦田里割几捆麦子，按上述办法制出碾馔品尝美味，以饱口福。所以，碾馔在早期是作为填饱肚子唯一的粮食。除了自家吃，还有人将它当作礼物送给亲朋好友。自此碾馔便由穷人的救急食品，走上富贵人家的餐桌。

据安乐寨村几个老人回忆，二十世纪八九十年代，母亲常在麦子发黄时，带领孩子们为全家人做碾馔吃。进入 21 世纪，人们生活节奏加快，机械化程度变高，村中的石磨不复存在。碾馔作为一种美食，仅有少量村民制作食用。所幸温县一些乡贤把碾馔当作振兴乡村的产业进行现代化生产，每当麦黄之季，花 10 元左右便可享受此美味，碾馔成了人们餐桌上稀奇的甚至价格比较贵的食品。

菜馔 菜馔又名“菜抓”，是安乐寨村又一道美味的传统小吃，食材随处可以找到，加上做法简单易学，特别是用蘸料配着吃，实在是美味佳肴，男女老幼都非常喜欢吃。

主要原料为白面粉、鸡蛋、大葱、食盐、食用油、五香粉、嫩南瓜（或西葫芦、韭菜、红白萝卜、马苋菜等）、大蒜、香醋、生抽、芝麻香油。制作流程：先把嫩南瓜（或西葫芦、韭菜、红白萝卜、马苋菜等）洗干净，用菜刀切碎作为食材，放到盆中。取适量的白面粉倒入少量的清水、食盐和五香粉，打入几个鸡蛋搅匀，把切碎的食材倒入，充分搅和好备用。平底锅里放入适量的食用油，油热到八成，倒进搅和好的备用料，做成两面金黄，即可取出放到盘子中，再将蒜泥、香醋、生抽、芝麻香油做成蘸料，就可以食用了。因为这个小吃是面中有菜，又可以用手抓着吃，所以当地又叫“菜抓”。

◉ 土特名产

安乐寨村位于温县，古属怀庆府，是四大怀药（怀山药、怀地黄、怀牛膝、怀菊花）的道地产区和主产区，种植四大怀药历史悠久。由于自然环境特殊、水质好、无污染，所产怀药素以质地优良、药效纯正和加工精细著称于世，一些国家和地区的友人和客商都指名购买温县产的怀山药。四大怀药也由药用扩展到加工成食品、饮料、保健品。

怀山药

药性药效 研究表明，怀山药具有降血糖、调节消化、免疫、调节植物神经功能、常压耐缺氧的作用，能提高生物耐受性。

栽培技术 安乐寨村怀山药栽培所用的种子，俗称笼头。待怀山药收获后，将怀山药块根上端有芽的一节，选出脖短、粗壮、没有病虫害的部分折断 15 ~ 20 厘米，先置日光下晾晒，使部分水分蒸发，折断面愈合封口后，存于室内通风处或干燥的地窖内，严防冻害，待来年种用。也可以将山药蛋收集起来，挑选个大、呈不规格圆的用沙土或湿合土覆盖，埋入室内越冬。翌年清明后取出，开沟下种。当年收获形似棒状形小山药，不折下部，全作种用。山药靠栽笼头作种，除去损坏和病虫害笼头，上年收 1 亩，下年只能种 9 分，加之长期采用老笼头重复栽种，无性繁殖，易造成品种退化。因此，多采用上述两种办法交替使用，进行复壮，一般 3 ~ 5 年全部复壮 1 次，提高山药的质量和产量。

怀山药一般在春分前后采用开沟埋种，当年冬季或次年春季收刨。埋种密度依土地肥瘠和笼头大小而定。一般行距为 30 厘米，株距为 20 厘米，亩种 2000 ~ 2500 株，沟深 10 厘米。山药栽培地择定后，要深翻一次，深度在 60 厘米以上，并施足有机肥（亩约 5000 千克），次年种前结合整地，翻耕 30 厘米并施有机肥和饼肥（100 千克）及人粪尿，还要施入 40% 锌硫磷 15 克进行土地消毒、杀菌、杀虫。然后，做成 13 ~ 15 米宽的高畦开种。田间管理，主要是看苗浇水和合理施肥及防治病虫害。种后浇 1 次催芽水，苗出齐后，追施1次人畜粪水，并浅锄1次，立秋后再浇大水1次。及时除草，遇大雨要及时排水，并浅浇1次井水。山药地经常保持黄墒为宜。为保证山药藤通风透光，亦有采用搭架方法。山药收刨要小心，注意保持山药块根完整无损。山药地不宜复种，每块地最好间隔3～5年轮种1次。

种植情况 安乐寨村种植怀山药开始于明清时期，当时少数有经验的人开始少量种植。民国时期，每亩100千克左右，一年一季，收获后以自家食用为主。中华人民共和国成立后，由于政府支持、鼓励和扶持，农民种植山药的积极性高涨，开始大规模种植。2000年前后，引进新品种——铁棍山药，亩产达到250千克，成为安乐寨村怀山药种植的当家品种。2014年以后，种植技术改进，从原来的人工种植全部过渡到机械化种植，打沟、封垄等都减少了人力物力，提高了效率；加之品种改良和科学种植，亩产高达1000余千克。在销售方面，多数以自产自销为主。2010年以来，村民利用互联网等高科技，通过电商平台，亩收万元以上，减去先期的投资，每亩净赚7000元左右，比起种植粮食作物，收入更为可观。2020年，安乐寨村铁棍山药种植规模在350亩左右。

加工技艺 安乐寨村铁棍山药色白、粉足、质腻、体结、质重、韧性强、药性足、沸煮不化且好煮，10余分钟就能煮熟。包括笼头都能煮熟，煮熟后面甜，而其他山药怎么煮都不面。用手掰，其他山药有丝，而铁棍山药没有。其他山药用手能搓烂，铁棍山药搓不烂。一般情况下，6～8千克鲜货可以加工1千克成货。可加工成怀参片、怀参精品、山药烘干制粉等，便于运输和保存。

市场价格 2008年之前，怀山药市场价格长期每千克6～8元。2010年，销售价格每千克20元左右。2011年，价格降至每千克16元左右。2012年，全国农产品市场疲软，受外地山药假冒铁棍山药冲击市场等因素影响，铁棍山药滞销，价格下跌至每千克8元左右，部分种植大户亏损。2017年，依托重点怀药企业开展了托底收购，铁棍山药市场价格每千克12元左右，春节前还曾一度出现脱销现象。2019年，受市场假冒铁棍山药冲击，价格有所下降，农户出货价每千克10元左右。2020年，价格有所回升，农户出货价在每千克12元左右。

怀地黄

药性药效 怀地黄对神经系统、内分泌系统、免疫系统和造血系统等均有广泛的药理活性。干地黄具有抑瘤、消炎、降血糖等作用。干地黄中提取的地黄多糖B具有抑瘤、益智等作用。鲜地黄汁能增强机体非特异性免疫功能。熟地黄能显著抑制肝脏出血性坏死

铁棍山药田（2008 年）

及单纯性坏死，对高脂食物引起的高脂血症、脂肪肝等均有抑制血栓形成的作用。

栽培技术 种植地黄土壤要求是每 10 年一轮种，不能一年连着一年用同样的地块和土壤种植。底肥要足，追肥及时。种植前，深翻土地 25 厘米以上。追肥在初苗期开沟稀施人畜汤肥，切忌肥料集中和接近根部。栽种前，将种栽儿去头斩尾，取其中段，截成 3 ~ 6 厘米长的小段，然后，在打好的畦或高埂上按行距 30 ~ 40 厘米，株距 27 ~ 30 厘米，挖坑（3 ~ 5 厘米）浅埋成堆，待快出苗时平掉土堆。当苗高 10 ~ 12 厘米时开始间苗补苗。间苗每穴留壮苗一株。补栽苗要选在阴天带土起苗，栽后成活率较高。地黄根茎入土较浅，中耕宜浅，避免伤根。苗周围的杂草要用手拔除。注意及时摘蕾，去分蘖和除串皮根，使养分集中于地下根茎以利生长，有利增产。地黄全生育期以耕层保持黄墒为最佳湿度，忌高温高湿。苗期开沟偷浇，切忌明水淹苗。伏天下雨后必以井水浇灌，以降地温。要注意防治地黄病虫害，特别是防治红蜘蛛和"青殓"症（青卷病）。地黄一般在霜降前后收刨。收刨时，要从地边开沟掘槽，一槽一槽地挖刨，做到不丢失、不折断、不破损。

种植情况 明清时期，安乐寨村里有少量种植，有一二十户种地黄 20 余亩，收获现货（又称湿货）每亩 500 余千克，可晒成干货 200 千克左右，主要是卖给私人药店或者商人收购，以药用为主。

怀地黄（2016 年）

人民公社时期，安乐寨种植地黄 500 亩，亩产现货 750 余千克，焙干后卖给供销社或农产品收购站，一级品每千克 2 元左右。改革开放后，种植面积增大，有 600 余亩，亩产现货 900 千克，售价每千克 4 元左右。

2000 年后，地黄种植面积稳定在 600 余百亩，亩产干货 1000 余千克，价格根据行情变化而高低不一，总体在每千克 30 ～ 40 元。安乐寨村里种植最多的杨三军，一家种植 13 亩，亩产干货 900 余千克，收入十分可观。种植的地黄品种有金状元、四齿毛、7681、85–5、93–02、北京 1 号等。地黄加工方法基本上以农户烤焙为主。

怀牛膝

药性药效 怀牛膝具有镇痛、抗炎、利胆、降血糖血脂、抗衰老作用，对心血管及呼吸、血液流通都有一定影响。

栽培技术 怀牛膝的种子要进行培育。每年挖牛膝时，挑选无虫害、根条长直、上下粗细均匀、主根下部支根少、色黄白、芦头不超过 3 个的根条作种根。从茎下 12 厘米左右处剪断，留上段作种株，贮藏于地窖内，待第 2 年惊蛰至春分间将种株取出，在整好的留种田内，按行距 35 厘米，株距 35 厘米挖穴种植，每穴呈三角形种 3 株，立秋后收获打籽，质量最好。牛膝在初伏下种为宜。下种前要深耕土地 60 厘米以上，灌水使表土层沉实，等稍干后，每亩施用腐熟有机肥 2500 千克、过磷酸钙 50 千克、饼肥 20 千克，共同混拌均匀，堆沤数日，均匀撒于表土层，然后再耕翻 1 次，整平耙细后，做宽 13 米的高畦。然后将处理好的种子以每亩 7.5 千克的数量均匀地撒入畦内，用十齿耙轻耧，使种子混入土内，再用脚踩或其他农具轻压，一般湿润的地 3 ～ 5 天出苗。苗高 5 ～ 7 厘米时，及时分批摘除顶部花序，使养分集中于根部以利生长。田间管理中，施肥要科学，浇水要合理。前期一般不浇水，立秋后每半月浇 1 次水。苗期要注意防治蛴螬、地老虎，中后期要及时防治青虫和小黑肉虫等病虫害。

种植情况 明清时期，安乐寨村开始种植怀牛膝。民国时期，全村种植五六亩，亩产 50 千克左右。人民公社时期，响应国家以粮为主的号召，基本不种怀牛膝。改革开放后，随着土地放开经营，全村种植的牛膝达到 20 余亩，亩产 100 余千克，每千克售价 20 元左右。

收获情况 怀牛膝在封冻前收获为宜。采用开沟剜刨。剜刨时要轻、慢、细心，防止把主根折断。牛膝出土后，掰掉枝根，去掉泥土或杂质，按长短、粗细分别捆成小把，挂于室外晾晒风干，即可出售。

采摘怀菊花（2020 年）

加工技艺 怀牛膝加工主要是将晾干的牛膝用清水洗净，去杂晾干，用硫黄熏 8 小时左右。取出后，拣条分级，打尖去尾，长短抽条，捆把（用红毛线），再用硫黄熏一次，经削把、晒、摈压加工，即为成货装箱外销。装箱是牛膝加工的最后一道工序。加工怀牛膝要求八不装箱，即混货不装、摈不好不装、碎条不装、残条不装、冻条不装、霉变条不装、不齐不装和条不直不装。

怀菊花

药性药效 怀菊花具有抗菌、扩张冠脉、增加冠脉流量等作用。

栽培技术 怀菊花育种方法有两种。一是就地育苗。在当年菊花收割后的根上盖上牲口粪，使其保暖过冬，等第二年生芽长至三四寸高即能栽种。二是掘根圈秧。在成菊收割后，将株根全部刨出（俗称菊花圪垯），一个一个排在一起，覆土 6 厘米，上边撒上树叶、作物梗或牲口粪越冬，来年立春解冻后，清明前后刨出分根育秧，苗高三四寸

时或收麦后栽种。这种方法最好，可获得壮苗。菊花非遇大旱不浇水。追肥以饼肥和厩肥为主。在苗高 24 厘米左右时，结合培土增施追肥，增加产量。菊花开后头部重量增加，要再次培土，以防倒伏，影响产量和质量。菊花的病虫害主要有褐斑病、花叶病、菊天牛、菊蚜等，要分别采取措施及时进行防治。

种植情况 据《温县志》记载，怀菊花的栽培有 3000 多年历史。中华人民共和国成立后，安乐寨村有五六亩地种植怀菊花，亩产 50 千克左右，每千克售价 20 元。2000 年之后，菊花在安乐寨村有零星种植，大部分用于泡茶饮用。

收割情况 怀菊花在霜降至立冬之间收割，以花心散开 2/3 时为采收适期。收割后要搭架阴干，花朵不要日晒、风吹、雨打。阴干后将花朵摘下，不能让叶、花混杂。

加工技艺 怀菊花加工，是先将晒干的菊花洒少许清水，使其湿润，然后堆放在焙床内，上面用草席覆盖，下面点硫黄灯熏蒸，熏蒸至菊花颜色鲜艳，又能杀虫耐储存为止，即可装箱外销。2000 年后，有少数村民把怀菊花加工成茶、饮料等包装上市，收入可观。

◉ 岁时节俗

和全国一样，安乐寨村的传统节俗有春节、元宵节、清明节、端午节、中秋节、冬至、腊八节、祭灶等，且各具特色，乡味突出。

春节 中华人民共和国成立前，安乐寨村的村民从农历腊月二十五六，甚至农历腊月二十三祭灶日就开始筹备过春节了，人们陆陆续续去集市上购买生活用品和节日用品，如各种各样的调料、春联、蔬菜、米面、肉类等，同时准备蒸馍和油炸。蒸馍多数是自做，也有定做，蒸馍的种类一般有白面制作的馒头、用白面插上干红枣做成的大枣糕、其中一个包裹喜钱的大馍、素包子、肉包子、豆包子等。过油炸的有纯白面做的麻糖、玉米面和柿饼做的小麻糖等。招待亲戚和客人，大多是大烩菜。

大年三十傍晚，家族的同姓人要集中去“接官驾”（把同族里亡故的人按照辈分排列，写在卷抽上），悬挂在祠堂的墙上，以备大年初一早上祭拜。

大年三十晚上，全家人聚在一起，放鞭炮，敬神灵，吃饺子，点燃旺火，守岁。

正月初一五更，家家户户明灯蜡烛，更新衣，放鞭炮，祭神灵，吃中饭，烘旺火，备糖果，迎客人。家里晚辈给长辈拜年，长辈要给晚辈压岁钱。然后家长领着孩子们到同宗同族家（“五辈分”内）相互拜年。在街上遇邻里，互致拱手礼，互道“新年好”“恭喜发财”等吉庆语。拜年毕，聚于同宗祠堂，礼拜祖先。中午阖家团聚盛宴。下午尽情玩乐，游戏而欢。

从初二开始，要到亲戚家拜年添岁。初二，夫妇携礼到岳父母家拜年。初三、初四，外甥、侄、侄女到舅、姑家拜年。正月初五又叫“破五”，表示年已度过。

中华人民共和国成立后，大年三十之前，除了保留之前的个别习俗外，有工作的人的单位都放假 7 天左右，大部分人回到家乡过年。三十晚上守岁少了，代之以看电视欣赏春节晚会。过 12 点放鞭炮的增多，起五更放鞭炮仍沿袭，鞭炮多在万头以上，花炮的品种很多。备吃的比较丰盛，备有鸡、牛、羊、猪肉和海鲜产品及反季节蔬菜等。大烩菜不多见了，开始用凉菜和炒菜替代。初二开始，除了沿用自古以来流传的走亲戚串朋友外，村里组织有文艺演出，安乐寨村的年味较重，一直热闹到农历正月十五。

元宵节　也叫“上元节”“正月十五”“灯节”“小年”等。正月十五当天，人们在自家门口搭瓦屋，在积攒的肥堆上插上柏芝、麦穗、谷穗等，预示来年丰收。晚上，用 2 米高的竹竿，在每间房子里挂上竖灯，放一碗饺子，祭拜火神爷。

正月十五传统食品为汤圆，也叫元宵。从前大多是自家做，原料是糯米粉、山楂糕、花生仁、葡萄干、熟红豆等。2000 年以来，大多是去超市购买现成的品牌元宵。正月十四、十五、十六三天饭菜都不一样。三天中家家户户绑扎花灯、挂灯笼，入夜各色花灯齐亮，各色花炮齐鸣，焰花四放。正月十四为试灯，十五为正灯，十六为乏灯。

每年元宵节期间，安乐寨村的司马懿得胜鼓都要参加县、市文艺节目会演，深受群众好评。

清明节　清明节多在公历 4 月 5 日前后。这时春光明媚，桃红柳绿，草木萌动、万物复苏，自然界呈现出一派生机勃勃的清明景象，是人们缅怀先人和英灵的节日，俗称“鬼节令”。这天，人们扫墓祭祖（俗称上坟），摆供品于墓前，点香箔、化纸钱。

中华人民共和国成立前，祭祖上坟，都是各自去自家坟上祭拜，有收入的家庭要做烧饼供于祖坟，祭拜结束后，分给同族的人吃。

1968 年前后，安乐寨大队修建占地 40 亩的公坟，一直延续至今。村里有红白理事会，专门负责管理去世人埋葬的位置，不分辈分，不分男女，统一管理，按序排列。不同的姓氏混杂葬在一起，每逢祭拜日，各自祭拜各自的亡故人。新过门的媳妇，在清明节这一天，娘家人要把煮熟的鸡蛋染成红色，起早抢在第一个到婆家坟上让鸡蛋滚下来，让婆家人抢着吃，叫“滚鸡蛋”。

2010 年后，清明节祭扫先人坟墓的习俗，一般是提前半个月，自己选择一天，中午 12 点前带上锡箔、祭品前去坟前祭拜。“滚鸡蛋”延续至今未变。

清明又是二十四节气之一，是农业生产一个相当重要的节气。清明以后，气温升高，雨量增多，是春耕春种的大好季节。人们根据节气安排农活，当地有“清明前后，种瓜点豆”“清明谷雨两相连，浸种耕田莫迟延”等农谚，预示着清明节祭奠罢先人后，要开始耕种了。

端午节 农历五月初五，民间亦叫“端阳节”。

中华人民共和国成立前，只有少数家庭能吃得起节日的传统食品。大部分家庭在日出之前，许多人带上镰刀、竹篮到田间、河边，采集带有露珠的艾叶、车前子、毛毛草、猫耳眼、菊花、地黄、柳叶等，束之挂于窗前或插于门上，以示祛毒除疫。待其干后，还可以当茶或单方使之。

端午节还要给小孩佩香布袋，也称香囊。这天是仲夏的伊始，仲夏是炎热的季节，蛇、蝎、蚰蜒、壁虎、蛤蟆“五毒虫”乱爬。为了防止这些毒虫对小孩的侵害，人们便在这一天用朱砂、莲黄、苍术、甘松、细辛、丁香和香草做成五色香包，清香四溢，挂于儿童胸前。还有的用青、白、黄、赤、黑五色丝线搓在一起，再以五色丝线搓扣成索，作各种不同形状，结成一串，形形色色，玲珑夺目，叫五色线、花花线。戴在儿童的脖子上、手脖子和脚脖子上。不但有辟邪驱瘟之意，而且有襟头点缀的效果。为小儿佩戴香布袋时，还要在其耳朵、鼻子、肚脐、手心等处涂抹雄黄，以辟五毒。

改革开放后，吃粽子成为风俗，佩香囊、五色线等逐渐淡化。

中秋节 农历八月十五中秋节，是一年中较端午节更隆重的节日。中华人民共和国成立前，人们都吃枣糕（用醒发好的白面和时令大枣做成）。新出门的闺女要连着三年给娘家送一个直径二三十厘米的大枣糕，如果娘家有小侄女或侄儿，还要再各自蒸一个小一点的，再带一只公鸡，一只母鸡，同时要给公婆买鞋和月饼。

中华人民共和国成立后，八月十五中秋节一直沿袭吃月饼的习惯，村民吃的月饼，多为加工定做。月饼的质量档次越来越高，有五仁味、豆沙味、果酱味、果脯味、水果味、蛋黄味多个等口味。有的每千克几元钱，有的每千克几十元，高档的甚至每千克上百元。2000 年以来，走亲戚、访朋友送月饼已不满足了，多以水果、保健品、奶类等搭配月饼。

每到八月十五这一天，家家户户都要割肉、打酒，准备丰盛的餐食。晚上，对着冉冉升起的明月，摆上供桌，在供桌之上摆上月饼、饮料和水果，烧三炷香，点燃一些纸钱，供奉祭祀月神。全家围坐在供桌的四周，在供奉祭祀拜过月神之后，一边吃月饼，一边欣赏圆圆的月亮。孩子们则围坐在妈妈或奶奶的周围，听他们讲嫦娥和玉兔、吴刚和桂花树等美丽的传说。

改革开放前后，村民们大多仍制作传统的节日食品枣糕馍和枣花馍。2000 年以来，这个传统习俗日渐消失，很少看到这种馍了，取而代之的是从超市购买的成品或半成品的食品。

八月十五的前几天（一般是十二、十三），娘家人要给出门的姑娘送礼，主要是月饼、花糕和水果。出嫁后的前三年，礼物重，都是直径一尺多大的花糕，还有月饼和两样水果，叫四色礼，出嫁多年的女儿是小花糕和一样水果，叫两色礼。改革开放以来，风俗倒过来了，变成闺女给娘家送礼，多是月饼、水果和饮料。

安乐寨村有“女不祭灶，男不愿月”之说，故在中秋之夜主祭月亮的大多是女主人。在月下，将香案摆放在月亮的方向，红烛高燃，全家人依次拜祭月亮。然后由当家主妇切开团圆月饼，切月饼的人预先算好全家共有多少人，在家的、在外地的，都要算在一起，不能切多也不能切少，大小要一样。2000 年以来，安乐寨村外出打工的村民特别多，此夜，人们仰望天空如玉如盘的朗朗明月，自然会期盼家人团聚。远在他乡的游子，也借此寄托自己对故乡和亲人的思念之情。

冬至　冬至一般在农历十一月，公历 12 月 22 日前后。旧时村民过冬至节要举行祭祀，一般在这一天大多以扁食（饺子）为主食，俗称“捏耳朵”“安耳朵”。冬至是三九严寒开始的第一天。每到这一天，人们都要用猪肉（或者羊肉）、大葱、韭菜（也有的用白菜、白萝卜、香菇、韭黄等）剁成饺子馅，捏扁食，食以御寒。俗语有“冬至不吃饺子饭，冻掉耳朵没人管”的说法，有防冻耳朵之意。冬至吃扁食之俗，民间常和医圣张仲景为穷人治病的传说相连。过冬至新媳妇还不能外出串亲戚。

腊八　农历十二月初八为腊八。这天早晨人们都吃腊八粥。多用大米、花生仁、豆类、红枣、红薯、粉条、豆腐、柿饼 8 样食品加水熬成粥，谓之腊八粥。由于腊月时届岁终，村民将一年劳动所获之谷物、果品聚煮一餐，全家品尝，有欢庆丰收和预祝来年五谷丰登之意，故又叫庆丰日。过去，由于条件有限，一般人家常把这种粥每天限制一点一点地吃，一直吃到春节前。改革开放后，农村发生了很大的变化，经济条件好了，市场繁荣了，食品或半成品琳琅满目，人们随时随地都可以买到自己满意的食品，所以，这种现象现已绝迹。

祭灶 农历腊月二十三为祭灶日。自古以来，祭灶的习俗没有变化。这天村民们购买老灶爷牌位和图像、灶糖。而且在这一天，每家都要烙 18 个烙饼（俗称人口馍，其中甜味 9 个、咸味 9 个）。傍晚，在老灶爷牌位前，摆上 18 个人口馍、灶糖、一根大葱、一棵大白菜，点三炷香，供奉老灶爷，愿老灶爷“上天言好事，回宫降吉祥”，为主人家多带吉祥如意。祭过灶，临近春节，人们都开始为欢度春节而繁忙。常言道：“祭罢灶，年来到，闺女要花小要炮，老汉要顶大毡帽，老婆婆还要 100 个核桃。”

◉ 礼仪民俗

婚嫁

旧婚俗 安乐寨村婚姻及婚姻礼俗，随着政治、经济的发展而变化。中华人民共和国成立前，富者可一夫多妻，贫者有换亲、转亲、买童养媳、父母指腹为婚等婚姻关系，也有终身未婚（俗称打光棍）。婚配多数不能自主，须奉父母之命，媒妁之言。常有姑舅、两姨近亲结婚。婚姻程序，庸陋烦琐。

提媒：媒人视双方门当户对时，向双方老人提媒联姻。

合婚：由男方请卜师，按双方八字（出生的农历年、月、日、时辰）占算冲克，无冲克者方可成婚。

过好：男方送彩礼、衣物给女方，交换注有双方生辰八字的定姻文书（红帖），实为定婚契约。

送好（也叫择好，即选择婚娶佳日）：男方订出结婚日期，托媒人携礼品给女方家长。女方家长同意为“接好”，届时成婚，风雨无阻。

迎娶仪式：迎亲——以坐轿、骑马、坐马车为主要形式，操鼓乐去女方家迎娶新娘。拜堂——新娘下轿，鸣鞭炮，在预设香案前，叩头拜天地、神灵及祖先、长辈，新娘在拜公爹时要履行“隔门拜”，即公爹在屋内，新娘在门外给公爹行礼，礼毕公爹要掷大洋（一块或数块）于门外。宴请宾朋——仪式完毕后，男方宴请男女双方亲戚。闹洞房——新婚之夜，祝贺者喝喜酒。酒毕，贺者嬉戏新婚夫妇，履行套路，无所禁忌。回门——成婚次日，新郎新娘携婚带礼物回娘家拜望岳父母。女方家设宴款待，晚

适婚青年结婚场景（2020 年）

必归。

封建包办婚姻，婚后感情多不和睦。妇女受封建礼教束缚，听天由命，压抑终生，有的因受虐待而出走。

新婚俗 中华人民共和国成立后，实行婚姻自主，一夫一妻，男女平等，双方自愿。废除封建包办婚姻，政府履行结婚登记手续。

定婚：男女双方在生活、工作中建立感情，或经介绍相识，经过一段时间的接触，感觉情投意合时，双方互赠衣物等礼品（以男方向女方赠物品为主），双方父母、主要亲戚聚集于男方家设宴，以确定婚姻关系。2000 年以来，此程序逐渐简化。即男女双方经过恋爱，同意结合时，双方家人聚在一起就餐，双方互赠礼品（农村仍以男方给女方物品为主），以确定婚姻关系（此程序俗称“见面”或“过好”）。

登记：双方亲自到民政部门办理结婚登记手续，政府给男女双方分别颁发结婚证书，即确定为夫妇关系，受法律保护。

结婚仪式多沿用旧习程序，2000 年以来，逐步简化并更新内容。

迎娶：结婚当日早上 4 ~ 6 时男方家派人到女方家拉取陪送嫁妆。迎娶前，男方在家祭祖上香，新郎向列祖列宗鞠躬行礼，之后拜父母，感谢父母养育之恩。迎娶工具，20 世纪 50 年代多为骑马，60 年代多为骑自行车，80 年代后多用汽车，21 世纪后多为轿车，迎娶轿车多则二三十辆，少则十几辆。安乐寨村迎娶时间一般在中午 12 点。

婚礼：在院中设置婚礼台。新人至，鸣炮奏乐，新郎新娘履行结婚仪程。一般有拜天地、拜公婆、向主婚人和介绍人鞠躬致谢，主婚人致贺词。最后新娘认亲戚。认亲即由婆婆向新娘由近及远逐一介绍，亲戚须给新娘送红包，礼钱根据亲属的远近及本人经济状况多少不等。新娘须向亲属施礼致谢，之后宴请宾客。

入洞房前，请事先约好的符合属相的人给新娘铺床，铺床人一边铺床，一边祈愿："没事不进新人房，新人请俺来铺床。俺脚踏砖满地，手按石灰墙，头顶高楼大瓦房。红漆桌正当央，红漆椅两边放。红绫枕头两边放，手拿笤帚来扫床。先扫东南方，绸缎衣裳按两箱。再扫西北方，家中米面油几缸。扫到中央，儿女满堂。"让家里的晚辈小姑娘给新娘端洗脸盆，盆里有柏芝和皂角，让新娘按照事先安排好的流程走完，这个过程，新娘要给小姑娘发红包，还有家里的长者在一旁说："铜盆叮当，皂角成双，金冠霞帔，绣花衣裳，铜盆搓皂，皂角造，闺女小子俺都要，有钱给俩钱，没钱给个花衣裳，有钱没钱俺不争，放给侄儿买长生；有钱没钱俺不要，放给侄儿买核桃。"请属相符合的人给新娘梳头。随后，宾客亲戚先后各回各家，婚礼仪式结束。晚上，还有新郎新娘的朋友和街坊邻里的晚辈来闹洞房。

2000 年以来，农村的婚礼正在向城市化靠近。经济条件较好的家庭，操办婚礼请专职司仪，搭彩门、礼台、铺红地毯，甚为隆重。

寿诞

安乐寨村民间的寿诞习俗包括为 12 周岁以下儿童庆生和为 60 岁以上老人庆生两种。

儿童庆生 这种习俗的传承，多是以祈愿子女安康者为主。娇贵的孩子从满月时开始穿红，一直穿到 12 岁。从小戴锁，叫长命锁，一直戴到 12 岁，开锁后才能取下。从 1 岁到 12 岁都得给孩子办生。办生这一天，要过油，就是炸焦花等供奉神灵，供奉后分送给本家和街坊邻居，被赠送的要给小孩贺岁钱和鸡蛋。同时家里要为小孩煮鸡蛋，做好吃的，还要买生日蛋糕。为 12 岁以下儿童庆生这种习俗，自古至今没有太大的变化。

老人祝寿 也称庆寿、贺寿、办生。为老人祝寿是安乐寨村传统的尊老敬老习俗。寿日这天，儿女、亲友们带着寿礼、肉类、酒、茶及其他礼品来为老人祝寿。家中置办丰盛的酒宴，老人穿戴一新居于上座，全家人一一为老人敬酒，祝老人健康长寿，福如东海。

儿童过生日（2020 年）

为老人祝寿多从 60 周岁开始。有些老人做寿不从 60 岁开始，而是从 66 岁开始。但

向老人贺寿（2018 年）

是，尚有父母健在者，只“过生日”不“祝寿”。庆祝 66 岁大寿，因为这个年龄，即两个 6 字，象征六六大顺，老人和晚辈一般对这样的象征很重视。自古以来，安乐寨村有“六十六，闺女给爹妈割块肉”的习惯。老人 73 岁办生那天，女儿要给老人做一根红腰带系上，因为民间认为 73 岁是“鬼门关”，要用红腰带拴住老人，留在人间。有俗语云“七十三，红带拴”。给老人祝寿要直到寿终，中间不能间断，否则视为不孝，对老人也不好。

二十世纪七八十年代前，年逾花甲的老人过生日，子女和亲朋间中平辈和晚辈多备礼物前来祝贺，礼物必须有面条、蛋糕，谓之“长寿面”“寿糕”，其余不拘。届时老人吃“寿面”“寿糕”，喝“寿酒”，晚辈须依次行叩首大礼，并祝以健康长寿等吉祥话语。90 年代以后，除了沿袭之前的习俗外，经济条件好一点的家庭到酒店为老人祝寿，有的到电视台、广播电台点歌或包一场电影为老人贺寿。是日，因儿女聚齐，大都照全家福。2010 年以来，随着生活水平的提高，有的还为老人祝大寿请乐队，放鞭炮，燃烟火，放电影等，并邀请亲戚朋友前来为老人祝寿贺喜。

丧葬

中华人民共和国成立前，长期形成一套规格化的丧葬习俗，丧事烦冗，且迷信色彩浓重。由于贫富差别，葬礼简繁也不同。村中有专职“总管”（丧事理事）主持丧事。

出殡前一天，都要请邻里二三十人帮忙料理丧事。

送终是子女对父母的应尽义务。老人年迈，子女须备棺木（也叫“喜木”）及寿衣。棺木以柏木、楸木为主，桐木加柏木档次之。战乱时期不少家有用席卷掩埋。寿衣，由于贫富差别，一般为 3 ~ 5 套。安乐寨村子备“喜木”，女做寿衣。

葬礼 人亡后，首先，孝子、孙子裱鞋（白布裱之）并在街门上贴白纸以示街坊。其次，请风水先生（又称阴阳先生）择黄道吉日（定出魂日、大殓日，一至五七吉日），择茔（又称点穴）。再次，报丧，丧主遇街坊邻里不分男女老幼，皆叩头报丧。同时，讣告亲属。又次，烧马，即人死后，死者家属买纸扎马及轿车，子女架死者亡衣，全家痛哭到门外，烧纸扎马及轿车，意为让死者骑马或坐车上路到阴曹地府。接着，小殓，以清水净亡尸，男者剃头，女者梳头，着“故衣”，移尸于主房正中，死者身下要支床铺谷草，草铺床前设供桌，供桌上摆放两样水果、两种点心共 4 样，供桌下点一盏油灯（又叫“长明灯”）。随后，大殓。双亲亡一者，择单日，俱亡者，不择日。大殓时，家属和主要亲戚须到齐，把遗体抬进铺有被褥的寿棺内，背下摆放七枚钢钱或硬币，俗称“垫背钱”。被上撒籽棉，合棺前死者子、媳、孙、孙女要从棺内将籽棉捏出，意为留“子”孙，家丁兴旺。再后，守灵，一般死者要在家停柩数日，儿女要守丧。

出殡前一天下午，富者在街门外搭灵棚，请鼓乐，将寿棺移至灵棚内。寿棺前设供桌，送纸扎及猪头（称全猪一头）。亲朋、街坊携大金或锡箔前来吊祭。贫者在家主房内将寿棺调转向口，寿棺对门口，以代灵棚。最后，出殡，时间一般在中午 11 点左右，12 点前下葬。出殡前墓打好后，由儿媳、女儿到坟地扫墓。出殡时，“总管”执事履行祭奠仪式，完毕放鞭炮，“总管”扶孝子给街坊叩头请街坊抬众，众街坊及忙工起灵。鼓乐在前吹奏，长孙在前执幡，子在灵柩前拉纤，女孝在灵柩后依序排列（媳前、女后），男女孝子均执哀杖（用细柳木缠白纸条做成）亦步亦趋痛哭引灵柩进入墓地。选吉时下葬，其间将备好的五谷杂粮撒在棺盖上，孝子须摘下孝布下入墓中，在忙工帮助下正棺，然后将食品罐放于棺上，再将刻有字记的青砖放于棺尾，将席盖于棺材上。孝子出墓磕头谢街坊抬众，孝子背“老杆”（拍棺所用木杠）领众孝子回，忙工开始封墓。封墓毕，亦将用柳木制成的幡杆插于墓谷堆之上。

做七和百日 从死者亡日起，每七天为一个祭日，一般为五个祭日。每次做七，子女均应到坟前烧纸，称为“告七”。最后一个祭日为“百日”，即亡者去世一百天，儿女要带上祭品到坟地祭奠，以示孝恩。

祭周年 老人死后，儿女要守孝三年。三年孝期内，每逢亡者去世日，儿女及近亲都要进行祭奠，叫作“做周年”。守孝人家前三年春节不贴对联。三周年纪念日较为隆重，亲戚都要前来祭奠，中午摆席宴请亲戚，以示孝期完满。亡者家属还须对孝女“脱孝”（送孝女六尺蓝布，以示脱孝）。

中华人民共和国成立后，安乐寨村里成立红白理事会，丧葬旧俗逐渐简化，仅沿袭部分旧俗的一些程序。

2003 年 9 月，温县政府实施殡葬改革，提倡火化，用骨灰盒取代棺材。殡葬前天下午均设灵棚移灵，亲朋好友前来吊唁，并施以钱、物。当日夜，丧主请戏班吹奏。出殡之日，村委或家属组织开追悼会、追思会，由村委派人或家属子孙念悼词，以寄托哀思。

礼仪

跪拜 俗称磕头，在传统文化中，磕头是崇敬的最高标志，对某个人的跪拜行为表明对这个人的忠诚与尊敬。如果强迫对别人跪拜常常被认为是一个人的耻辱。

中华人民共和国成立前，安乐寨村磕头主要是过年磕头、婚礼磕头、葬礼磕头。

过年时，每年正月初一至十五，青年及成年人要几人一组去邻居和亲戚家中磕头。这段时间，家中正屋挂着家谱牌位的画卷，门前摆放供人磕头的席子。客人来时，首先站在祖谱前，拱手祭拜三次，再跪下磕头三次。然后给年长并且辈分大的人磕头三次。家庭内部，通常长辈会在晚辈（一般是未成年儿童）施跪拜礼后发压岁钱。如果是走亲戚，嫁出去的闺女回娘家给父母拜年，包括女婿和外甥（女）都必须给长辈磕头。

婚庆典礼上，新郎、新娘在认亲环节上，要面对双方父母，跪拜双亲。

家里老人去世后，需要乡里乡亲帮忙的话，家里的小辈们见人都要磕头，即要告知街坊邻居家里老人过世了，同时请求帮忙。

跪拜时，晚辈需要跪在地上两手扶地，头挨地。在室内跪拜方位要正确，后背要冲着门，正面对着中堂、牌位，或八仙桌，长辈要坐在两边，无论人在哪里方位一定要正确，不能直接对着人磕头。室外则不再讲究。

中华人民共和国成立后，跪拜的礼仪在安乐寨村仍然保留，仅被少数人使用，绝大多数村民逐渐用鞠躬代替跪拜。

鞠躬 改革开放后，过年时出门闺女全家回娘家给长辈拜年时，由原来的磕头换成鞠躬。新郎新娘在认亲改口环节，也由原来的跪拜换成了鞠躬。

鞠躬时必须脱下帽子，戴帽鞠躬是不礼貌的。鞠躬时目光应该向下看，表示一种谦恭的态度。鞠躬时，嘴里不能吃东西或叼着香烟，不能够把手插在衣袋里。鞠躬礼节在直起身时，双眼应该有礼貌地注视双方，如果视线移向别处，即使行了鞠躬礼，也不会让人感到是诚心诚意的。

◉ 传统风俗

尊祖敬老　安乐寨村历史文化底蕴深厚，素以民风淳朴、勤劳善良闻名乡里。数十年来，村委每年坚持开展评选“双文明家庭”“好媳妇”“好婆婆”“好村民”“道德模范之家”活动，使安乐寨村尊祖敬老的优良传统更加发扬光大。

民国时期，村内有4座宗祠，专门用于各姓族人聚集敬拜先祖。每逢春节，族人齐聚宗祠，跪拜先祖，诵读祭文，相互鞠躬，共同祝福。族长还带领族人到异姓宗祠拜年祝福，增进村民和谐团结。大年初一凌晨，各户灯火辉煌，全家老少齐聚厅堂，摆供品，放鞭炮，向先祖灵位行跪拜礼，晚辈依次向长辈跪拜。有文化且较富裕的家庭，为先祖的灵牌还专门建造了一座精致的“灵楼”，摆放于堂屋正中，以示对先祖的尊敬。此“灵楼”高约100厘米，宽约80厘米，形似宫殿，完全由木头精雕细刻而成，耗资不菲。

宗祠与“灵楼”由于历史原因均遭损毁。但村民尊祖敬老的传统深植心中，仍口传身教，代代相传。如20世纪30年代的王文郁家，数代耕读，以德育人，敬老爱幼，兄弟多人不分家，几十口人同吃一锅饭，四世同堂和睦相处，在村中传为美谈。再如村民

安乐寨村弘扬尊祖敬老的墙画（2020年）

杨惠祖、杨丰祖弟兄俩，从小接受传统文化及村风、民风的熏陶，尊敬先祖，孝敬父母，坚持早晚向父母问安。父亲去世后，二人精心照料老母至 90 岁寿终。在物资匮乏、医疗条件落后的年代尤属不易。在他们的影响教育下，子女们也十分礼貌懂事，十几口人同锅吃饭，多年弟兄不分家，妯娌贤、子女孝的优良家风受到乡亲交口称赞。还有村民杨洪振从小生长在单亲家庭，和母亲相依为命，儿时常听母亲讲村民王乃大孝母、勤奋读书的故事，杨洪振立志也要让母亲过上幸福生活。2005 年，87 岁高龄的老母亲患病偏瘫，他和妻子一起守候在身边，积极治疗，坚持喂药，使母亲病情迎来转机。杨洪振买来轮椅、戏碟，推老母亲散心，陪母亲看戏，让母亲尽享欢乐。这一推就是 13 年，直至 2018 年母亲百岁寿终。杨洪振家敬老事迹感动周边人，曾连续三年被村委评为“道德文明之家”。

安乐寨村对 80 岁以上老人，每人每年补贴 100 元。

耕读传家 耕读传家是安乐寨村的优良传统，自古至今，安乐寨人以耕读传家发家致富，过上好日子。

安乐寨村地处清风岭南麓，黄河北岸，土地平坦，气候适宜，自然条件优越，除天灾，历年来旱涝保收。全村有耕地 2100 亩地，以老蟒河为界，以北为上坡地，有 1200 亩，是两合土或黏土地，特别是古晋城下东涯 200 亩地号称温县一等地，土质好，保水保肥。以南为河滩地有 900 亩，土质多为沙土，比较贫瘠。粮食作物以小麦、玉米为主，兼种大豆、谷子、红薯。经济作物多为棉花及四大怀药中的地黄、铁棍山药。几百年来，勤劳的安乐寨人为生存繁衍，过上好日子，不辞劳苦，改良土壤，精耕细作，兴修水利，改善生产条件，努力提高粮食产量，小麦亩产由中华人民共和国成立前的 100 余千克增加到 600 余千克，玉米亩产由 100 余千克增加到 800 余千克，实现了农业增效，农民增收。

安乐寨村文化底蕴厚重，历代重视教育，喜欢读书，读知识，读人生，读社会，享受人生。

据不完全统计，清代、民国时期，安乐寨有举人 3 人、恩贡翰林学士 4 人、岁贡 3 人、进士 2 人、秀才 10 人，考入高等学府 20 人。中华人民共和国成立后，考入大中专院校学生 350 人。其中，考入北京大学、清华大学等全国重点大学的学生 10 人；博士生 6 人，硕士研究生 38 人。读书造就了历代贤达良才，他们是安乐寨村的光荣与骄傲，也是“耕读传家”的结晶。

安乐寨村宣传耕种的墙画（2020 年）

◉ 庙会集场

自古以来，司马故里安乐寨凭借着人杰地灵，经济繁荣，在当地影响颇大，成为当地政治、经济、文化中心。

集会又称庙市，是民间传统集市贸易形式之一。清代，安乐寨村农历每月逢双日集。十里八村的人要到此赶集，有买有卖。村内还要唱大戏庆祝，由于来人甚多，周围的小商小贩也趁机销售祭品、食品和其他生活用品。集市上日用百货、各色小吃样样俱

安乐寨村弘扬读书学习的墙画（2020 年）

安乐寨村儿童在兄弟书屋学习（2020 年）

全。民国时期安乐寨村经商人数较多，故产生安乐寨集。集市地点在安乐寨村东大街和祠堂街东头。东大街有几户的街房开有板大门和店铺。集市上有粮、油行，杂货铺、蔬菜及肉类摊位。招贤村逢单日集，安乐寨村逢双日集。方圆几里的村民都在招贤村、安乐寨村赶集。1940 年，日本侵略者占领温县后，老百姓疲于躲战乱，保性命，经济萧条，村集随之消失。

安乐寨村物资交流大会（2020 年）

改革开放以来，安乐寨村抢抓机遇，经济飞速发展，村办企业迅速发展壮大，村民收入大幅提高，成为温县明星小康村。由于村办企业的壮大，吸引了附近的外村人员到村办企业就业。流动人口增多。在此情况下，安乐寨村委顺势而上，决定启设安乐寨村物资交流大会（后称安乐寨会），定于每月农历初二、十二、二十二为会期。会址设在安乐寨村商品街。方圆 5 千米内的经商者积极参会经商，繁荣当地的经济发展。集市上销售最多的有蔬菜、水果、面食、小吃、儿童玩具、日用百货。农民吃不完的蔬菜瓜果都会拿来卖。水果在农村的需求量很大，很多人都会给孩子和老人买一点。集市上人流密集，人们对吃的需求很旺盛，各种与吃有关的行业很火爆。小吃的盈利一般都很高，包子铺五角钱一个的包子，一天能卖 1000 多个。还有摆摊卖小饰品、糖葫芦和烤地瓜、手艺活、小孩的玩具的。日用百货是集市上最热销的产品，从开市到罢市，摊位前的客人络绎不绝。

◉ 方言俗语

方言 安乐寨村方言词汇丰富。例如，一个“吃”字在安乐寨村的方言中，就有许多种说法，表达不同的含义和感情。

血耳：让人或自已吃。例如，宴席上主人端酒邀客人，血耳一碗。这往往是在比较随意的、非正式场合用。

召：让人或自已吃。例如，来，召两碗。

喋：让人或自已吃。例如，喋饱了没有。

叨：用筷子夹东西吃。例如，他指着桌上的菜对大家说：“来，叨、叨、叨。”

干：多用于让人吃喝。例如，别等了，干吧。

啊呜：吃或吃得快。例如，猫啊呜一嘴就把老鼠吃了。这饭真香，让我啊呜一嘴。

囫囵：将食物稍微嚼一下用舌头搅拌咽下。例如，这肉不太烂，我一囫囵就咽下去了。

噗喽：多指吃面条、丝状食物。例如，噗喽一碗面条。

搗填：多为贬义。例如，(妈妈骂小孩）你还没搗填饱。

不啮：食物不咀嚼就咽，吃得快。例如，一碗饺子，两嘴就不啮完了。

吸溜：把条、丝状的食物不嚼就吸进肚里。例如，一下把粉条吸溜到肚里了。有时也指喝热稀汤。

啃：把食物用牙剥咬着吃。例如，啃玉米穗，啃窝窝头，羊啃麦苗。

嘣：用唇舌裹食吮吸。例如，嘣冰糕棍。

圪崩：以吃炒豆等硬脆食物发出的响声指代吃。例如，你能把我圪崩了。

嘴吊起来：原指不让牲口吃，引申为不让人吃饭的意思。例如，该吃饭了，还能把嘴吊起来？

扒叉：吃得快。例如，扒叉几嘴一碗饭就没了。

塞：大口快吃，多为贬义。例如，吃这么多了，还没塞饱哩。

熬熬炒炒：代指吃得好，生活水平高。例如，整天熬熬炒炒，小日子过得可滋润。

撒货：原意为给牲口填草加料吃，引申为戏耍话，吃加班饭。例如，半夜给牛添把料，撒货一下，明个儿好犁地。加班到半夜，肚都叫唤了，该撒货撒货啦。

踅（或踅搭，音 xue dɑ）：白吃。例如，今天晌午到您那儿踅顿饭。

撮：一般指到街上吃饭。例如申带哥儿们上街撮一顿。

独转独转：指一个人悠悠转转。

厮跟：指两个人一起走。

瞅瞅：看看的意思。

耳：打。

挺：打。

忽雷：闪电。

俗语

年节谚语

百里不同风，十里不同俗。

三里不同俗，十里改规矩。

风土民情，不知不行。

火鞭放得响，钱粮年年长。

过年不放炮，妖魔鬼怪到。

社俗谚语

谁家灶火不冒烟，谁家舌头不磨牙。

要是好，大让小。

树大开杈，男大分家。

不当家不知柴米贵，不养儿不知报娘恩。

清官难断家务事。

家有一老，赛过十宝。

天上无云难下雨，人间无情难成双。

情人眼里出西施，有情人终成眷属。

前世姻缘今世结，千里姻缘一线牵。

弯刀对着瓢切菜，丑人自有丑人爱。

农业谚语

春雨贵似油，夏雨遍地流。

盼雨把天等，不如打眼井。

庄稼一枝花，全靠粪当家。

种地不上粪，等于瞎胡混。

衣服不洗要脏，庄稼不管要荒。

孩子离不了母，庄稼离不了土。

俯瞰安乐寨村耕地（2020 年）

家有千金，不如一艺在身。

不在犁深耙光，只在地壮有墒。

七成收，八成熟。

锄地不锄草，放账不用讨。

谷雨茭草，立夏豆。

（大白菜）立秋种，白露栽，小雪前后收回来。

（高粱）处暑不出头，拔下喂老牛。

秋分早，霜降迟，寒露种麦正当时。

（种植小麦）小雪不出土，大雪不分股，土地不解冻，有籽只管种。

收谷不收谷，全看五二六（农历五月二十六）。

收花（棉花）不收花，全看五二八（农历五月二十八）。

五月十三，老关爷磨刀，快了（快到用镰刀割麦的时候了）。

五月十三搬三点，都去北山买大碗。

气象谚语

邙山戴帽，短工睡觉。

早看东南，晚看西北。

乌云接太阳，猛雨两三场。（预示快要下雨了）

云彩往东，一场风；云彩往西，披蓑衣。（预示快要下雨了）

鸡晒翅膀蛤蟆叫，蚂蚁搬家蛇过道。（预示快要下雨了）

瓦茬云，晒死人。（大晴天）

早烧云，不出门；晚烧云，晒死人。（预示温度很高）

八月十五云遮月，正月十五雪打灯。

商业谚语

有同行，没同利。

做生意三件宝：货真、价实、态度好。

不怕不识货，就怕货比货。

经商言利，天经地义。

价钱可以搞，斤两不能少。

缺斤短两，亏良心，少尺短寸，寿折损。

薄利广销，生财有道。

此地无朱砂，红土为贵。

萝卜快了不洗泥，萝卜慢了刮层皮。

歇后语

马尾（马尾巴上的毛）拴豆腐——提不起来。

瞎子点灯——白费蜡。

钢蛋（安乐寨村民）娘煮麦仁——撤火了。意即办事不行了、失败了。

咕噜锅里（补锅的人）摇头——不钉。谐音不定，意即不确定。

烂伞遮日——半边阴。

瓮中捉鳖——十拿九稳。

老鼠过街——人人喊打。

拉肚子吃泻药——胡摆治（胡乱处理）。

老鼠钻风箱——两头受气。

外甥打灯笼——照舅（照旧）。

孙女穿奶奶衣——老样。

老鼠尾巴打一百棒槌——肿不了多粗。

芝麻开花——节节高。

月光下散步——形影不离。

吹风机出故障——坏了风气。

瓦刀劈砖——干脆。

拉叉拖（一种运载小型犁耙的工具）卖豆腐——架子不小。

◉ 歌谣

板凳有腿不会走，大船没腿游遍九州，茶壶有嘴不会说话，小车子没嘴吱吱扭扭。

拉拉扯扯，割大麦，种荌荌，荌荌熟，吃个窝窝头。

嗷嗷嗷，睡觉觉，不睡觉觉，猫咬咬。

咪咪猫，上高跷，担担水，弯弯腰，石榴骨朵结樱桃。

葡萄架，高又高，俺要吃你那酸葡萄。

天黄黄，地黄黄，俺家有个夜哭郎，行走君子念三遍，一觉睡到明晃晃。

月婆婆明晃晃，开开后门洗衣裳，爹织布，娘纺花，小孩要吃妈（奶），打他屁股呼呼嚓。

板凳板凳摞摞，里面有个大哥；大哥出门买菜，里面有个奶奶；奶奶出来烧香，里面有个姑娘；姑娘出来磕头，里面有个孙猴；孙猴出来蹦蹦，里面有个臭虫；臭虫出来爬爬，里面有个南瓜；南瓜切开没有籽，弄脏衣服没法洗。

板凳板凳歪歪，菊花菊花开开。开几朵，开三朵，爹一朵，娘一朵，剩那一朵喂莺歌（鹦鹉）。莺歌不吃食，嘟嘟骑毛驴，骑到南场，碰到卖糖。卖糖卖糖你别走，俺回家偷头发，俺娘打了俺十镰把。

花花拍门达，门达响，叫姑娘，姑娘后院洗衣裳；叫大伯，大伯后院织布袋；叫奶奶，奶奶后院劈干柴；老鸹叼住鼻疙瘩，滴流滴流下不来。

窝儿窝儿眼，端金碗。窝儿窝儿眼，背篓头，刮风下雨他不愁。恁有红绿伞，俺有窝儿窝儿眼。

安乐寨村大地风光（2015 年） 武卫峰 摄

村民生活

中华人民共和国成立前，安乐寨村村民长期以农业为生，收入较低，并时常遭受水灾、兵匪的祸害，生活贫困。中华人民共和国成立后，在党的领导下，经过多年的艰苦创业，村民生活得到改善。改革开放以来，村委会大力支持创办各类企业，使集体经济得到快速发展。村民也纷纷创办企业或外出打工，逐渐走上富裕之路。在衣食住行等消费方面都有了很大的提高，并步入小康生活。2020 年，安乐寨村总收入为 5200 万元，人均收入 2.6 万余元。

◉ 村民收支

收入 明清时期，安乐寨村村民收入主要来自农业生产。村民日出而作，日落而息，精于农耕，史上多次出现物阜粮丰的好年景。但由于村落南邻黄河、蟒河，西接济水，洪涝灾害时有发生。

因土地为私有制，大多集中在地主、富农手里。贫苦农民只占有极少数耕地，只得在安乐寨村或到外地租种大户人家的土地，收获的粮食先上交地租，剩下的归自己所有。在封建制度的长期束缚下，生产力低下。加之地主盘剥，兵匪骚扰，自然灾害频发，村民虽终年辛劳收入却很少。

民国时期，村民耕作靠人力、畜力，无抗御自然灾害能力，加之种植单一，品种落后，农作物产量极低。虽终年辛苦劳作，却收获寥寥无几。

1915 年秋，先是济水、蟒河暴涨，接着是蝗虫成灾，安乐寨村周边 43 个村受灾较重。民众收获的粮食很少，无法生活。河南省赈务会发放赈灾款 2000 元，办平粜，但多为经手官吏中饱私囊，灾民得到的实惠甚少。

1942—1945 年，安乐寨一带村庄连遭水灾、旱灾、蝗灾，庄稼几乎绝收，村民多以树皮、草根甚至石头面充饥，许多家户整日吃上顿，没下顿，村民背井离乡，逃亡者十之八九。

1947 年 4 月，温县解放。全村村民在党的领导下，开展“反倒算”运动。贯彻《中国土地法大纲》，实施土地改革，没收地主、富农多余土地及财产。贫、雇农民分得土地和房屋。

1949 年 10 月 1 日，中华人民共和国成立。中国共产党领导人民推翻封建剥削制度，贫苦村民翻身得解放，政治、经济地位提高，分到田地和房产，实现耕者有其田。1950 年，进行土地改革。6 月，温县人民政府给村民发放土地证，广大村民分到了土地，生产积极性空前高涨，添置农具、耕畜，改进种植方式，增加品种。1952—1958 年，全村共打大砖井 16 眼、竹竿井 1 眼。改善灌溉条件，粮食亩产明显提高，达 200 余千克，村民的收入逐渐增加。

1958 年 8 月，按照《中共中央关于在农村建立人民公社问题的决议》精神，全县 13 个乡合并为 9 个人民公社，实行政社合一。安乐寨村隶属招贤人民公社安乐寨大队，下设 9 个生产小队。公社“一大二公”，成为基本核算单位。土地、劳动力、牲口、农具等由公社统一调拨支配，农、林、牧、副各业由公社统一经营，收益统一上交，分配按人供给。全大队建全民食堂 9 个，社员吃大锅饭。1959 年至 1961 年，由于多种原因，村群众同全国人民一样，生活极为困难。1961 年，中央颁布《农村人民公社工作条例（草案）》，解散全民食堂，纠正“平调”错误，实行“三级所有，队为基础，以生产队为基本核算单位”的新政策。1962 年，为克服经济困难，全大队两次下放土地 200 余亩，分给社员自由种植（自留地），鼓励群众开垦小片荒地（简称小片荒）以度灾年。中央政策的调整，调动了群众生产自救的积极性，农业生产开始恢复，群众生活有所改善。

1963 年，在公社驻村干部张向甫的指导下，开始在村南门外地试行小麦、玉米套种，变单季种植为双季种植。后发展到蟒河南、新蟒河南地，粮食产量明显提高。1966 年 11 月，全国掀起“农业学大寨”高潮，开始实行大寨记工法（工分制），男全劳出勤一个工作日记 10 分，女全劳出勤一个工作日记 8 分，以生产队为核算单位，年终按劳动工分分配。一般经营好、收入高的生产队每工值 0.8 元，收入低的 0.3 元、0.5 元不等，此记工法一直延续到 1982 年实行以户为单位的联产承包责任制。

1970 年，各生产队建“老虎洞”用来打麦，后用上打麦机，结束沿袭千年的打麦滚碾、扬场费时费力的旧方式。1971 年，县农业局派棉花技术员张宝华到安乐寨指导推广棉花种植新技术。扩大棉花种植面积，提高产量。1972 年，大队科研站在新蟒河南建立，各种农业新科技逐步推广应用，提高了产量，增加了效益。

1966 年，安乐寨村用上电，逐步实现机、电双配套，变旱田为水浇地。1970 年，在南门外、蟒河南修水泥灌溉渠 3000 余米，用大功率水泵引蟒河水灌溉。群众的劳动强度也明显减轻，加之引进小麦新品种，粮食产量大幅提高。1975 年，小麦平均亩产达近 350 千克，玉米平均亩产达 450 千克。

20 世纪 70 年代以后，村办集体企业迅速兴起、发展，为农业机械化提供经济保障，村农业机械化水平迅速发展、提高。1973 年，大队购买捷克单缸拖拉机（因启动时声音很大，村民俗称老嗡车）1 台。1974 年，购买“东方红”履带式 75 马力拖拉机一台及配套农机具（时为全县生产大队购买第一台拖拉机）；1975 年，购买 40 马力轮式拖拉机 1 台；1976 年，部分生产小队购买小四轮拖拉机；1977 年，又购买“东方红”履带式拖拉机 2 台及配套农机具；1978 年，购买大型“康拜因”小麦收割机 2 台，开始小麦机械化收割。至此，全大队农业机械化程度位居全县之首。群众从高强度的农业劳动中解放出来，大部分劳动力转入村办企业，基本实现党支部“以工带农、以工养农”的构想，村民收入逐步提高。

1978 年 12 月，中共十一届三中全会召开，全国进入改革开放新时代，农业改革也步入了快车道。1982 年，推行以户为单位的联产承包责任制，农业改革全面铺开，群众称为“大包干”。以人劳比例划分责任田，取消劳动工分制，实行定上交、定提留。承包户按承包合同上交征购和提留，剩余部分全部归社员自己支配。

1983 年，全村实行包产到户。农业生产由集体经营变为分户经营、自负盈亏。调动了农民生产经营的积极性、主动性，种植结构发生明显改变，从单一的粮食种植发展到粮食和经济作物的多元化种植，经济效益明显增加。安乐寨村民通过精耕细作，粮食亩产量逐年提高，家家户户的小麦、玉米堆满房间，种植粮食的收入大增，每年每户达到数千元；安乐寨村通过创办多家企业，安置一些村民进厂打工，每人每年收入 1 万元左右；还有少数村民自己创办企业，收入猛增，每个企业每年收入几万元到几十万元。村民逐渐过上不愁吃、不愁穿的生活。

2002 年，实行费改税；2006 年，免除了沿袭 2000 多年的农业税。2006 年开始，国家相继对农民实行种粮补贴、农资补贴，玉米、小麦、棉花优良品种补贴，农机购置补贴一系列惠农政策，极大地调动了广大农民种粮积极性，粮食亩产超吨粮，实现农业增收农民增效。2010 年，安乐寨村民人均年收入 6000 余元，成为温县一带有名的小康村。

2010 年以来，随着生产经营模式改变，农民土地开始流转，实行规模化种植。2019 年，全村有 90% 农户土地流转，面积达 1800 亩。土地流转后约 2/3 的农户外出务工或经商，发展个体经济和民营企业。2020 年，安乐寨村集体总收入 5200 万余元，人均 2.6 万余元。其中，种植业收入 400 万元，养殖业收入 60 万元，运输业收入 100 万元，务工收入 1600 万元，企业收入 3000 万元，其他收入 40 万元。

支出 明清时期，安乐寨村村民的支出主要用于日常生活中的衣食住行，以及各种税收。

民国时期，因军阀混战不断，苛捐杂税众多，村民生活十分困苦。安乐寨村一带土匪、杂牌军活动猖獗，流氓地痞横行乡里，他们巧立名目，向村民收取各种苛捐杂税。即使一些富户，如没有权势，也常遭“筑疙瘩、起票（先被绑架，然后向其家人索要赎金）”之苦。

1938 年，日军入侵温县后，日伪军杀无辜、烧民房、抢财物，抓壮丁。村民除了向日伪军上交粮食、柴草之外，还时常被抓去服各种劳役。

中华人民共和国成立后，社会稳定，村民安居乐业。随着生活水平的提高，村民用于购买生活用品的费用逐渐提高，成为最主要的支出。

改革开放以来，村民的支出仍以衣食住行为主，仅需缴少量的农业税。为了提高生活质量，一些富裕的村民开始建楼房、买汽车，花费逐渐提高。大多数村民为了孩子成长，教育支出逐年增多。

2006 年以来，国家免除农业税等税收，村民种植粮食等农产品不再上缴任何税收。支出全部变成家庭的各种消费，主要有衣食住行、孩子教育等。

附：安乐寨村缴纳农业税情况

安乐寨于 1950 年开始向国家缴纳农业税，有耕地面积 2300 亩，农业税是按实有耕地面积计算，每亩征购粮食为 15 千克，分夏、秋两季完成，夏粮征购以小麦为主，占缴粮基数的 65%，秋粮征购以玉米谷物为主，占缴粮基数的 35% 。全村年上缴农业税总数量为 3.5 万千克。

1958 年到改革开放，农业税征缴额度为每亩上缴粮食 30 千克，缴粮品种与比例不变。年上缴农业税总数量为 5.8 万千克左右。

改革开放后，安乐寨村粮食亩产量大幅提高，随之农业税收也翻了一番，每亩上缴粮食提高到 60 千克，年上缴总数为 13 万千克左右。

改革开放以来，因国家工程占地，耕地面积由原来的 2300 亩减少到 2100 亩。

1990 年后实行一季完成全年粮食征购任务，全年只收夏粮。

2000 年开始，农业税以现金代征，小麦 0.34 元 / 千克、秋粮 0.26 元 / 千克，按原征购基数计税，安乐寨村每年上缴农业税金达 5.5 万元左右，且附加征购油品，亩均 0.25 千克。

2006 年，国家免除农业税，同时实行种粮补贴，安乐寨村不再上缴农业税，并且国家按每亩地每年 15 元补贴金额发给村里。后来补贴金额不断增加，2020 年每亩耕地补贴现金 120 元左右。同时，国家对于种粮大户、家庭农场（百亩以上种植大户）每亩奖补 20 元左右。

脱贫攻坚推进会（2020 年）

共同富裕 2015 年，安乐寨村有低保户 35 户 64 人，其中贫困户 11 户 31 人。为了帮助他们摆脱贫困，村党支部按照“规划到组，帮扶到户，责任到人”的总体思路，分包到户，逐户走访，深入调查，摸排建档。根据各户的不同情况，制订不同措施，予以帮扶。此外，根据温县政府的安排，中国银行温县支行的 4 位领导被派往村里，作为包村干部。

2019 年，为贫困户王梦中、王西安、王梦备等修建房屋，改善其居住条件，全村的 11 户贫困户中有 8 户实现脱贫。

2020 年，安乐寨村对剩下的 3 户贫困家庭加大帮扶力度，经过努力，年底使 3 户全部脱贫，达到温县规定每年人均收入 5000 元的脱贫标准，从而使全村各户全部脱贫，走上共同富裕的道路。

中国银行温县支行的扶贫人员在安乐寨村举行主题党日活动（2020 年）

◉ 衣食住行

服饰 中华人民共和国成立前，安乐寨村民服装以粗布（自家纺棉花用织布机织的布）为主，多由自己缝制，花色品种单一。男人穿短袄、短衫，多为对襟、布扣，下穿大腰裤，颜色以蓝、黑、灰色居多；穿布鞋、棉鞋，样式有圆口鞋、方口鞋，全部用布料手工制作。富裕户则穿绸缎和洋布，款式有长衫、长袍、马褂，头戴礼帽、帽衬儿。因大部分村民家庭贫困，孩子多，往往是一件衣服先让老大穿，老大不能穿了再让老二穿，接着是老三、老四，因衣服穿得时间长，破损较多，上面常常是补丁摞补丁。

中华人民共和国成立后，安乐寨村村民穿衣面料依次为平纹布、斜纹布、华达呢、涤良、涤卡、涤纶，款式多为青年装、列宁服、中山装。20 世纪 90 年代，开始盛行皮革、呢子料。鞋子为解放鞋、胶底鞋、运动鞋、人造革鞋、皮鞋。

2000 年以来，随着村民生活水平的提高，对服装的款式、品种、档次要求逐步提高，穿着向追求个性化、品牌化发展。居民不再买布做衣服，多买成衣，如西装、休闲装、夹克、仿古唐装、汉服。穿鞋以轻、软、不怕水的旅游鞋、皮鞋为主。村民家中有专门的衣柜、鞋柜，柜中服装每件一般在 300 元左右，个别价位较高的每件则达到数千元，连七八十岁的老年人也穿上色彩绚丽的高档中式老年装。

食品 中华人民共和国成立前，安乐寨村村民忙时三餐，闲时两餐。主食一般是高粱面饼、玉米糁、面条、米饭，副食为韭菜、豆角、萝卜、白菜等，冬季菜少，常用酱代替副食。粮食、蔬菜多为自家所种。遇到灾荒年景，常吃一些野菜、树叶等。村民食用的面粉用石磨来磨，食用的米用石碾来碾。做饭、蒸馍、炒菜都用生铁锅，烙馍用鏊子。

1943 年秋，蝗虫成灾。飞蝗所到之处，庄稼绝收。安乐寨村受灾面积达 1600 余亩。村民不得不以树皮、草根等充饥，饿死达 80 余人，出外逃荒要饭 214 人。许多年轻人不得不背井离乡，逃至西安、蚌埠、周口、漯河等地谋生。

中华人民共和国成立后，安乐寨村村民生活水平逐步提高，饭、菜的数量、质量也相应提高。改革开放以来，主食为面条、大米、饺子、油条等，副食中的肉、菜、蛋等普及村民餐桌，逐渐用上不锈钢炊具、高压锅、电饭锅。

2000 年以来，安乐寨村村民家饮料、茶、酒、水果等得到普及。饮食不再以“吃饱”为目的，而是注重食品的绿色、营养、保健功能。与饮食有关的饮水机、电冰箱、电磁炉、电烤箱也进入居民家中。遇到节假日、亲戚朋友聚会，常到外面的酒店、饭店吃饭，每桌酒菜等费用三五百元，多则一两千元。

住房 中华人民共和国成立前，安乐寨村村民住房多为草顶土坯房，门窗狭小，采光、通风条件差，富户一般为四合院，盖有较为宽敞的瓦房，一个院子住两三户人家。多为砖基土木结构。个别贫困者因无钱盖房，只得住临时搭建的草庵，遇到雨天，庵内常漏水。房顶为房梁、檩条、椽子，有些村民用高粱秆做成直径0.3米的高粱捆，直接把高粱捆搭在脊檩上，代替椽子。然后把多个高粱捆并排搭在脊檩上，直接在上面抹泥、盖蓝瓦。

20世纪60年代，村民房屋大部分得到翻新、改造，屋顶不再用麦秸，墙体不再用土坯，多为蓝砖、蓝瓦房。70年代，机制红砖、红瓦房增多，用预制板作房顶的平房开始出现。房屋的窗户逐步变大，多是两开或三开的玻璃窗。1985年，村民赵占军家首先建起两层楼房。此后，其他村民陆续建二层楼房，室内墙壁用涂料粉刷，显得干净整齐，宽敞明亮。2000年，两层楼房在村内基本得到普及。

2004年以来，为了统一规划，居住在温孟公路两边的村民杨国、王国平、路绪岭、

安乐寨村民房屋俯瞰（2020年）

安乐寨村瓦房（2015 年）

安乐寨村楼房（2020 年）

王建设、王迎植、王国堂建起三层楼房，内用地板砖、瓷片，外用面砖等装饰，每户建一栋楼房往往需要三五十万元。

出行 中华人民共和国成立前，安乐寨村民出门大多数为步行，少数人骑毛驴、坐马车。所携带的物品依靠人挑、人力推车、牲畜拉木轮大车。路面为土路，雨雪天道路泥泞，行走不便。

中华人民共和国成立后，随着经济的发展，出行条件逐步提高。20 世纪 60 年代，村域修筑有柏油路，安乐寨村的人力车（俗称架子车）、胶轮马车逐渐增多，携带物品方便许多。1962 年，村民杨文江第一个购买自行车，受到村民热议、羡慕。70 年代自行车流行，很多村民开始购买自行车。1973 年，安乐寨大队购买捷克造拖拉机 1 台（又称老嗡车），为村机械化运输之始。1975 年，大队购买 40 马力拖拉机 1 台。购买配件，安装“解放”牌汽车 1 部，为招贤公社第一部汽车。

安乐寨村不同时期的房屋同框（2020 年）

20 世纪 80 年代，自行车得到普及，几乎人均一辆。1985 年，村民杨广宇家第一个购买汽车。1986 年，安乐寨村开办农机运输车队，有大型拖拉机 5 部、大客车 5 部、大货车 7 部、小型轿车 3 部。大客车每日发往焦作 4 个班次，发往郑州 2 个班次，开村办公交之先河。机动车辆增多，几乎全部取代人力车、畜力马车。1988 年，杨麦仓第一个购买摩托车，村里开始流行摩托车，开摩托车“兜风”成为年轻人的时尚。90 年代，安乐寨村有摩托车 50 多辆、自行车 300 多辆。2000 年，安乐寨村有小轿车 50 余辆、运输类货车 10 余辆。

2000 年以来，安乐寨村内道路全部为水泥路、柏油路，路网密集，四通八达。村民开始流行小轿车、电动车，个别家庭甚至每人一辆，小轿车的价位一般为 10 万 ~ 50 万元，个别居民购买的高档小轿车价格在 100 万元以上。有些村民根据道路设施完善、畅通的情况，利用自家的汽车进行运货，成为个体运输经营户。2010 年，安乐寨村有小轿车 150 余辆、货车 20 余辆。

2020 年，安乐寨村拥有大货车 20 余辆、大客车 3 部，每日发往焦作、新乡四个班次，轻型汽车 2 辆、装载车 3 辆、货车 60 余辆、农用三轮车 75 辆、农用四轮车 13 辆，另有小轿车 400 余辆、电动车 800 余辆，有 20 余户在家中建有车库。

家具家电 明清时期，安乐寨村大部分村民家中贫困，家中仅有床、柜子、桌子，以及坛坛罐罐等。多是一代一代地往下传，多代延续使用。

安乐寨村村民家的旧箱子（2010 年）

老式壁柜（2010 年）

居家用品：坛子、木桶（2010 年）

木盆（2010 年）

安乐寨村村民的旧物品（2020 年）

中华人民共和国成立后，安乐寨村村民生活开始好转，家具逐渐增多。20 世纪 70 年代，村民家中追求“缝纫机、自行车、手表”三大件。

1979 年，安乐寨锅炉厂购买 1 台黑白电视机，成为安乐寨村的第一台电视，晚上很

旧木箱（2020 年）

安乐寨村村民家的旧家具：桌子、椅子（2020 年）

多村民来看电视。1984 年，村民杨洪涛、杨益立两家最早购买 12 英寸黑白电视机，成为最早买电视机的农户。1987 年，安乐寨卷闸厂购买彩色电视机（彩电），为村里的第一台彩电。20 世纪 90 年代，全村有黑白、彩色电视机 80 余台。2000 年，达到 200 余台。

2010 年，彩电得到普及，达到 400 余台，黑白电视被淘汰。2020 年，全村有彩电 600 余台，村民家中一般有 1 ～ 3 台彩电。

1990 年，安乐寨村轻工总公司办公室购买村里的第一台空调，让村民羡慕不已。此后陆续有几家购买空调。2000 年，全村达到 20 余台。2010 年，空调在居民家中得到普及，达到 400 余台。2020 年，全村有 800 余台空调，很多家庭几乎每个房间都安装有空调。

20 世纪 80 年代，安乐寨少量村民购买电冰箱，全村有 8 台。20 世纪 90 年代，冰箱达到 50 余台。2000 年，冰箱达到 200 余台。2015 年，得到普及，全村达到 400 余台。

◉ 社会保障

合作医疗 中华人民共和国成立前，安乐寨村民生活贫困，遇到小病多是硬抗过去，自行痊愈；患有稍微重一点的疾病，多是找郎中开一些廉价的中草药，拿回家煎煮后服用；如遇大病，因无钱治病，只有在家等死。个别较为富裕的家庭往往因大病患者而沦为赤贫。

中华人民共和国成立后，国家重视农村医疗工作，实行合作医疗，以解决农民缺钱治病的问题。1969 年，安乐寨大队实行合作医疗。社员每次到大队卫生所就诊，只需缴纳 5 分钱即可。1980 年，每人每年需缴医疗保险费用 10 元，国家对每人每年补贴 10 元，安乐寨大队对每个参保社员每人每年补贴 10 元，社员患病时到村卫生所或招贤乡卫生院治疗，费用可报销 30% ～ 40%。

2006 年，国家实行新型农村合作医疗（简称“新农合”），安乐寨村民每人每年需要缴纳医保费 280 元，安乐寨村对每个参保村民每人每年补贴 10 元，村民就医可以报销 60% 的医疗费用。2019 年，取消个人医疗账户，实行统筹，就医者在门诊可报销 50% 的费用，患有大病住院时，最高可报销 20 万元。

2020 年，安乐寨村参加“新农合”保险人员 1960 人。

养老保险 中华人民共和国成立前，安乐寨村的养老方式主要靠“养儿防老”。步入老年后由儿子负责为老人养老送终，没有儿子的则由女儿负责养老。

中华人民共和国成立后，“养儿防老”的观念仍然延续。人民公社时期，对 6 个没有子女的老人，安乐寨大队对他们实行“五保”。

1983 年，安乐寨村在村委会对面原第六生产队饲养室旧址处建养老院，安置生活没有依靠的老人 6 人，每人 1 个单间。1985 年，招贤乡把全乡符合养老条件的老人暂时集中在安乐寨养老院，安乐寨养老院变成乡养老院，有老人 10 余人，安排专人为老人做饭、洗衣。1992 年，招贤乡养老院搬迁至安乐寨小学，有老人 6 人。1996 年，招贤乡敬老院建成，老人从安乐寨小学全部搬进新落成的敬老院，有老人 13 人（其中安乐寨村老人 4 人）。

2012 年，随着国家惠农政策的逐渐实施，全国农村开始实施养老保险制度。根据河南省有关部门的规定，安乐寨村民参加城乡居民养老保险后，每年只要缴纳 100 元或以上费用，就可以在进入老年（男 60 岁，女 55 岁）后每月领取养老金 123 元，直到去世。参加城乡居民基本养老保险逐年连续缴费满 15 年后，在逐年连续缴费的，每多缴一年，在领取城乡居民基本养老保险待遇时，每月增发缴费年限养老金 3 元，随本人养老金发放。参保人员有两个或两个以上连续缴费时段的，以最长缴费时段计算连续缴费年限，按规定享受缴费年限养老金。

2017 年，温县人力资源和社会保障局对城乡居民社会养老保险政策进行调整，规定温县户籍年满 16 周岁（不含在校学生）非国家机关和事业单位工作人员及不属于职工基本养老保险制度覆盖范围的城乡居民，可以在户籍地参加城乡居民养老保险。从 2018 年 1 月 1 日起，养老保险最低缴费档次调整为每人每年 200 元，取消每人每年 100 元的最低缴费档次。

老年人在下象棋（2020 年）

表 2

城乡居民基本缴费补贴标准表

缴费档次	省财政补贴	县财政补贴	缴费档次	省财政补贴	县财政补贴
200 元	30 元	—	1000 元	160 元	50 元
300 元	40 元	—	1500 元	190 元	50 元
400 元	50 元	—	2000 元	220 元	50 元
500 元	60 元	20 元	2500 元	250 元	50 元
600 元	80 元	20 元	3000 元	280 元	50 元
700 元	100 元	20 元	4000 元	310 元	50 元
800 元	120 元	20 元	5000 元	340 元	50 元
900 元	140 元	20 元			

2018 年，安乐寨村为了照顾村中“空巢老人”的生活，把村委会附近的王延大民居改为具有养老功能的“幸福院”，为部分老人提供日间照料，为能够自理的老人提供服务。每人每月交 100 元，即可在此每天吃两顿饭，不足的费用由村委会提供补贴。

生活补贴 人民公社时期，安乐寨大队对一些困难户发放救济粮、救济款、布票等，以保证他们的生活。逢年过节，则发放一些米、面、油、被子等生活用品。

安乐寨村“幸福院”大门（2018 年）

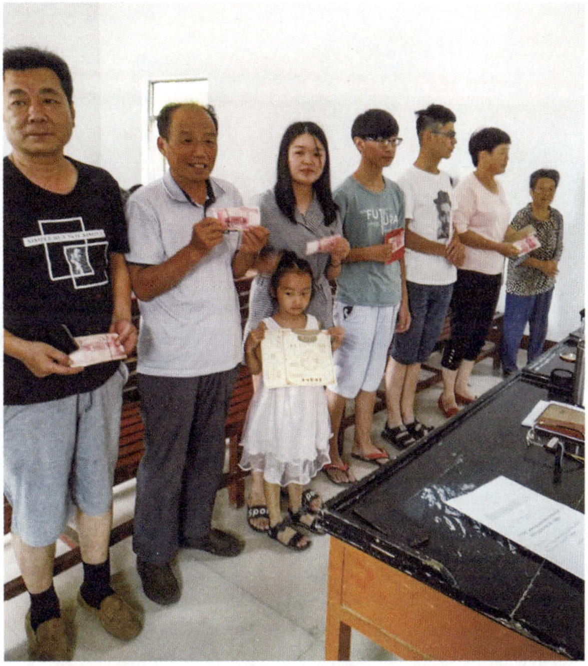

发放补贴资金（2019 年）

改革开放以来，安乐寨村的集体经济逐渐发展，村集体每年都有较为稳定的收入。本着“取之于民，用之于民”的原则，村委会每年拿出一部分收入，在有线电视费、合作医疗、水费等方面对村民进行补贴，并对大学生发放生活补贴。国家免除农业税后，每亩地发放农业补贴 10 ～ 120 元。

2018 年，为了持续、长久、规范地对村民发放生活补贴，安乐寨村委会把发放补贴作为一项制度，写入《招贤乡安乐寨村村规民约》当中。具体内容为：第十二条，村委每年对 80 岁以上老人实行生活补贴，每人每年 100 元。村委每年对村民用水及清理卫生实行免费。村委每年对村民合作医疗实行补贴，每人每年补 10 元。村委每年对村民电视费实行补贴，每户年补 20 元。村委每年对考上温县一中学生，一次性补贴 500 元；对考上一本、二本学生，一次补贴 1000 元；对考上北大、清华学生，一次性补贴 5000 元。

发放金秋助学金（2019 年）

人物

北依清风岭，南临黄河的安乐寨村，可谓依山傍水的钟灵毓秀之地，在历史上人才辈出，影响深远。首先是三国、两晋时期的司马氏家族。清代、民国时期，村中涌现出清代历史学家杨碾、民国总统府顾问王文郁等名人。中华人民共和国成立后，安乐寨村累计有300多名学子考上大学，他们毕业后在各条战线上为国家奉献力量，成为所在行业的佼佼者，40多人拥有高级技术职称。

◉ 人物传略

杨碾（1821—1886），字邦元，别号太平山樵，安乐寨村人，清代史学家。道光二十九年（1849）己酉恩贡。

杨碾

据《温县志稿》（1933年编修）载："碾幼聪慧。读《左氏春秋传》匝月毕全部，遇经史疑义，必悉心研究。虽先儒成说，于意有未惬者，必反复辩论，以求其是，无憾而后安。"著有《一得录》《明史纪要》21卷、《大园》《小园》各卷，现存新乡市图书馆。

杨碾性秉直，厌污吏，疾恶如仇，名扬乡里，且为冤民代讼，分文不取，申冤扶正，深得称颂，身虽布衣，留德民间。碾弟子众多，其中有秀才、举人，门生为赞其德，联名赠匾"外翰林"。

清末温县有"东俭西碾"之说，指的是城东的张俭、城西的杨碾。凡新知县到温县任职，必先拜访"东俭西碾"二位乡贤。

杨碾兄弟5人，其弟杨联光为进士、翰林院待诏；杨磊（原名斗光）为生员。碾长子峰青为附贡，三子应时为生员。碾的重孙杨团一，为国民革命军少将副师长。当代著名文史学家舒乙闻知杨碾家族故事后，欣然题词："两代五名士，百年一将军。"

杨士俊　字伟卿，清末安乐寨村人，生卒年不详。幼年才思敏捷，豁达开朗，曾在天津经营盐务，常往来于天津塘沽，熟悉北洋情形，与清朝北洋重臣交往甚厚。光绪年间，袁世凯奉令驻朝鲜，杨士俊随其前往，负责后勤供给事宜，因功被保举为县丞。袁世凯训练新军，一切营制、饷章、军服、药品多与其商定。后杨士俊积劳成疾，病死于采购军粮途中，时年50岁。袁世凯听说后，悲痛不已，如失左右手，派专人护送其灵柩归故里，发恤银1000两，并奏请朝廷，荫其次子杨秉晋为州判，旋保知县。

杨士俊

王文郁（1873—1934），字景周，安乐寨村人。宣统三年（1911）岁贡，清末任温县劝学总董。1912年任温县财政科科长。1917年，任职于民主报社。1918年，被选为中华民国众议院议员。1922年，被总统府派任为政治善后讨论会委员。1923年，被聘为总

王文郁

统府顾问。1924 年，还家祭祖时，河南省又聘其为省参事会参事，未赴任即卧病。1934 年，农历九月在安乐寨村病故，享年 62 岁。

王文简 （1875—1947），清末秀才，自幼在家读私塾，考中秀才。后在自家办私塾，从事教书 10 余年，为安乐寨村一带培养出多位人才。

1938 年，日军安田部队由沁阳县入侵温县，在温县招贤一带烧杀抢掠。王文简发动并组织群众抵制日军，保一方平安。1943 年，随八路军北上太行山，仍从事教育工作，为八路军战士上课，传播马克思列宁主义、抗日救国等革命理论。1946 年 2 月 28 日，温县各界人民代表大会在县城召开，选举王文简等 4 人为晋、冀、鲁、豫边区参议员，后被派驻山东济南工作。1947 年，因病回家治疗，同年 10 月在家中病故。1950 年被追认为革命烈士。

王文涛 （1879—1965），安乐寨村人，全国爱国丰产模范。自幼在家私塾读书，后外出经商。中华人民共和国成立后，回到家乡务农，投身于科学种田之中。在植棉上狠下功夫，在自己家 3 亩土地上进行棉花高产种植试验。1951 年，种植的棉花亩产皮棉达 297 千克，并全部支援国家建设。1952 年，被中央人民政府农业部授予“爱国丰产模范”称号，并颁发奖状、奖章和 100 万元（旧币，折合新币 100 元）奖金。1965 年秋病逝，享年 87 岁。

王文涛

王培仁 （1900—1990），又名王冠五，男，安乐寨村人。毕业于河南农业专科学校。1932—1943 年，任河南孟津县县长，因敬业廉政，孟津民众曾为其家门上挂匾两块并赠万人伞（众百姓在伞上签名）。其中一匾题词为“明镜高悬”，是对王培仁的人品和执政业绩的肯定。

王培仁

王培仁在任孟津县长的第二任末期，因有“亲共”嫌疑（中共地下党在其身边做统战工作），受到当地土豪劣绅及社会黑势力的围攻。日军侵华时，企图利用他的威望，邀他再次复任。遭其拒绝后，日伪人员把王培仁装入木笼，在孟津县城及洛阳等地游街示众。后被解救逃往西安、漯河等地。中华人民共和国成立后，到安徽省蚌埠市一中学任教师，直至退休。

杨益鸿 （1902—1984），笔名逸宏，安乐寨村人。山西大学预科班毕业。热爱史地，尤工书法。用笔从唐楷入手，深得颜、赵书家之精髓。其书法作品笔力遒劲，清丽隽秀，洒脱豪放。附近村民每逢年

杨益鸿

节或红白大事求字，辄欣然献艺。省内外均有其题写牌匾传世。

据《温县志》记载：1930 年春，省府强行给黄河滩地征粮赋，民不堪命，众乡亲公推杨益鸿等人协同旅汴同乡会赴省请愿。乡亲谈及，无不称颂。

杨文江 （1909—1983），男。1947 年 11 月加入中国共产党，为安乐寨村早期的中共党员之一。1947 年至 1949 年，任安乐寨村政治委员。1949 年至 1953 年，任村党支部书记。1953 年至 1957 年，任村农业生产合作社社长。1954 年至 1966 年任村党支部副书记兼任第二生产队队长。

杨文江

任职期间，带领村民参加土地改革运动，为贫雇农家庭分田、分产，带领群众走农业合作化道路。组织群众发展生产，解决村民吃饭问题。为了改善村民生活，他带领村民开展多种经济作物的种植，购置小钢磨兴办面粉加工作坊。

王崇道 （1913—1987），安乐寨村人。1931 年，毕业于开封东岳艺术师范学校。1932—1938 年先后在孟县师范、淮阳县师范、新安县师范和温县县城关小学任教。1938 年，参加革命工作。1939 年，奔赴延安，在延安担任过陕北公学管理科科长和中央组织部管理科科长等职。1947 年，随军南下。中华人民共和国成立后，担任湖北省委财贸部办公室主任、鄂城市市长和黄冈专署副专员等职。

王崇道

杨化山 （1912—1999），男。1947 年 9 月加入中国共产党，安乐寨村早期的党员之一。他出身贫农家庭，1945 年投身革命，历任村民兵队长、村长。1953 年 5 月至 1964 年 12 月，任村党支部书记。

他领导安乐寨村民兴修水利，挖土井 17 眼，修排碱渠 2000 余米，治理盐碱地 600 余亩，促进全村农业生产的发展。

杨化山

领导村集体创办运输业、加工业，购置汽车、马车 6 辆，开办小型红薯粉坊 2 处、木业社 1 处、水打磨 1 处，发展林果业 20 余亩，使村集体年收入达 2 万余元。

杨医亚 （1914—2002），原名杨益亚，曾用名杨鸿星，安乐寨村人。著名中医学家、教育家、临床家，河北中医学院教授。

1938 年，杨医亚毕业于北平华北国医学院，师从施今墨、吴彩臣等名师。1939 年，创办中国国医专科函授学校及中国针灸研究所函授

杨医亚

部学习班。1943 年，受聘于华北国医学院任教授，被誉为北京中医界“四小龙”之一。1951 年，受命带领部分在京中医到河北省石家庄，支援该省中医药事业恢复工作，留在省卫生厅担任《河北卫生》编审。1952 年，调至保定中医进修班，任主任。1953 年，调回石家庄，筹建河北省中医进修学校，主持教务工作并任教。1958 年之后，在河北中医学院、河北中医研究院、天津中医学院、河北新医大学、河北中医学院工作。多次担任中医基础教研组主任、教授，1988 年退休。

在几十年的中医生涯中，杨医亚除了教学、科学研究和临床外，还编著或主编、审阅修改教材、临床读物，修订整理古典医书、近代名医名著、经验效方，以及编纂医学工具书、丛书、类书等 50 余种，共计 1540 余万字。其中,《临床各科综合治疗》《新编伤寒论》《近世针灸医学全书》《杨医亚针灸学》等著作，传播国内外。曾任中华全国中医学会第一届理事、河北省中医学会副理事长、卫生部高等中医药院校医学专业教材编委、中国医学百科全书编委，以及河南张仲景国医大学名誉教授、河北省中医理论整理研究会主任等多种职务。

霍永富（1929—2017），安乐寨村人，文化程度初小。1948 年 8 月，加入中国共产党，是安乐寨村早期中共党员之一。

霍永富

霍永富自幼家庭贫寒。因受其兄革命烈士霍永星的影响，1944 年 4 月加入八路军，参加了多次抗日战役，曾任班长等。在解放战争中，转战南北，戎马奋战，先后参加过攻打温县县城及范庄、辉县、山东等地游击战，参加解放大西南、淮海、渡江、中南战斗，解放华北、西藏和抗美援朝等战役。战斗中，浴血奋战，屡立战功，得到上级嘉奖，获得各种奖章、纪念章八枚。解放西藏战役出征前，为鼓舞士气，上级还赠发纪念手帕。1954 年复员返乡，担任村民兵副营长、保卫股股长，负责全村的治安保卫工作，为保护村民生命财产安全做出重要贡献。

王朝义（1938—2000），男，中专文化，中共党员。1958 年温县一中毕业后，到青海省北川气象站工作。1960 年 8 月回到安乐寨，任第一生产队队长。1968 年 5 月，任安乐寨大队革命委会主任。1969 年至 1998 年，任党支部书记。

王朝义

任职期间，把兴修水利作为搞好农业的突破口。

经过努力，全大队粮食总产量由原来的每年60万公斤增至80万公斤，并向国家上缴粮食5万公斤，结束村民吃粮靠救济的历史。中共十一届三中全会之后，带领党支部一班人先后建起锅炉修造厂、面粉厂、卷闸厂、淀粉厂、家具厂、化工厂、人造板厂、农工商供销公司等10家企业。村固定资产达到1800多万元，从业人员600人，工业总产值达5000万元，上缴税利30多万元。1991年5月，协调扩建安乐寨学校，占地14674平方米，建筑面积2160平方米。实施村镇规划，对村中9条主要街道进行拓宽、硬化、美化。1993年，当选温县第四届政协委员。1991年，被授予“省农村思想政治工作优秀工作者”称号。

王梦恕

王梦恕 （1938—2018），安乐寨村人。研究生学历，中国工程院院士、中国中铁隧道集团副总工程师、博士生导师，安乐寨村兄弟书屋创建人之一。

1956年，王梦恕以优异的成绩考入唐山铁道学院桥隧系。1961年，毕业后师从高渠清导师，在该校研究生班继续深造。1964年研究生毕业时，他放弃留校任教的机会，投身国家铁路隧道及地下工程建设。

京广铁路衡阳—广州段修建铁路复线，要穿越的大瑶山隧道长达14.3千米，其长度当时在国内排名第一，在国际排名第十。如此艰巨的隧道工程，若采用传统的施工方法，不仅工期长、质量差，而且远不能适应经济发展的要求。王梦恕与其他工程技术人员一道研究，将新奥法施工技术——深孔爆破、喷锚支护、监控量测引进到国内。在消化、吸收国外先进技术的基础上大胆创新。这些新技术的应用，大大加快施工技术，为顺利建成大瑶山隧道发挥重要作用，并为国家节省大量资金。这是隧道建筑史上的一个重大转折，被称为隧道建设的里程碑。

王梦恕曾任北京地铁项目总工程师兼指挥长，负责此项关键技术的攻关任务。采用了浅埋暗挖法承建北京地铁，比“大揭盖”明挖节约资金上亿元。一批又一批中外工程界专家学者前来参观考察，一致评价“这个创造了不起”。这一工程的顺利完工，结束了全国“大揭盖”修建地铁隧道的历史。从此，全国各大城市的地铁施工普遍采用了浅埋暗挖法。王梦恕善于开拓，不断攀登新的科学高峰。他提出洞内降排地下水的浅埋暗挖新设想以及“超浅埋”暗挖的设计施工要点。这项新技术在地下工程中得到广泛推广应用。在铁路隧道复合衬砌新型结构领域、新奥法标准作业工艺、浅埋暗挖法配套技术等方面都有新的发展和突破，为经济建设做出贡献。

1990年，王梦恕被铁道部评为有突出贡献的中青年专家，被评为国家级的中青年专家；1992年12月12日，获得国家科技进步特等奖；1993年，名列全国“詹天佑成就奖”8名获奖者之首；1995年，被选为中国工程院院士；1996年，被河南省人民政府聘为参事；被中国矿业大学、中国地质大学聘为客座教授，先后培养博士后、博士研究生、硕士研究生50余名；1997年，任北方交通大学土建学院与地下工程研究所所长、博士生导师。1998年起，先后当选为第九届、第十届、第十一届全国人大代表和全国第九届、第十届政协委员。1999年，获得人事部“科技事业人材”一等功。

◉ 人物表

安乐寨村革命烈士表

表3

姓名	性别	出生时间	牺牲时间	牺牲地点	牺牲时职务	追认烈士时间	备注
王文简	男	1875年	1948年	安乐寨	晋冀鲁豫边区参议员	1950年	
王景丰	男	1906年	1949年	陕西省西安市	战士	1960年12月14日	1946年入党
王长庚	男	1922年	1949年	渡江战役（失踪）	战士	1957年7月24日	1945年入伍 1947年入党
莲花妈	女	1910年	1946年	安乐寨村西门外	农会干部	1990年12月	1945年入党
腊茹妈	女	1912年	1946年	安乐寨村马道街	妇救会主席	1990年12月	1945年入党
王同义	男	1921年	1948年	淮海战役	战士	1956年12月20日	1946年入伍 1947年入党
霍永星	男	1920年	1947年	安乐寨村西门外	农会主席	1947年	1945年入党
王瑞松	男	1927年	1947年	负伤后在安乐寨家中病故	战士	1956年12月	1945年入伍
苏　戈	男	1920年	1947年	孟县谷旦乡公所	温孟县二区区委书记	1947年6月	1938年入党

安乐寨村高级技术职称人才表

表 4

姓名	性别	出生年份	毕业院校	职称	工作单位
王崇厚	男	1911	河南水利专科学校	高级工程师	甘肃省交通厅公路局
杨医亚	男	1914	北平华北国医学院	教授	河北中医学院
王晋聪	男	1919	西北工学院	高级工程师	高河南省黄委会设计院
杨益欧	男	1931	清华大学水利系	高级工程师	北京市科学技术研究院
王梦周	男	1934	黑龙江省教育学院	教授	焦作大学
王正大	男	1935	中南土木建筑工程学校	高级工程师	西北工业建设设计院
王为大	男	1935	西安电力工业学校	高级工程师	渭河发电厂
王国军	男	1937	开封师范专科学校	中学高级教师	温县第一中学
杨文升	男	1937	西北工学院	研究员	第七研究院 705 所
王梦奎	男	1938	北京大学	教授、博士生导师	国务院发展研究中心
王梦恕	男	1938	唐山铁道学院 研究生班	中国工程院院士、 博士生导师	中铁隧道集团（洛阳）
王延大	男	1938	西安电力职工大学	报社主编	河南省电力公司
王宪章	男	1941	兰州铁路学院	高级工程师	兰州铁路局电务通讯
杨国祥	男	1942	第四军医大学	主任医师	空军兰州医院
王锦章	男	1945	西安矿业学院	高级工程师	甘肃靖远煤业集团
卢瑞琳	女	1946	郑州大学	中学高级教师	西安市第二中学
杨双庆	女	1948	山东济宁师范学校	中学高级教师	济宁中学
王　工	男	1954	中国科学院研究生院	编导	美国好莱坞金华国际传媒公司
王任翔	男	1955	黄河职工大学	高级工程师	黄河水资源保护科研所
刘晓敏	女	1955	郑州航空工业管理学院	副研究员	河南省社科院 经济研究所
杨菊先	女	1956	焦作市中医药学校	副主任医师	焦作市第二人民医院
王梦周	男	1956	温县师范	中学高级教师	招贤乡中心校
杨立庄	男	1956	新乡师专	中学高级教师	山阳区教育局
杨家卿	男	1957	新乡师专	教授	焦作大学
杨国安	男	1957	西北大学	高级工程师	宁夏地矿局
杨清莲	女	1959	河南大学	正高	河南教育报刊社
杨国镇	男	1960	宁夏医科大学	主任医师、教授	宁夏医科大学附属医院
杨永平	男	1962	河南师范大学	中学高级教师	安乐寨学校
杨光诚	男	1962	郑州牧业专科学院	高级工程师	郑州市动物园
郭宗梅	女	1962	河南医科大学	副主任医师	郑州市第一人民医院
杨玉祥	男	1962	开封第二师范学校	中学高级教师	巩义市高中
杨爱先	女	1962	中央广播电视大学	副教授	焦作大学
王建中	男	1964	阜矿工学院	高级工程师	约翰芬雷工程技术（北京）有限公司
李胜霞	女	1966	新乡师范专科学校	中学高级教师	焦作市第十七中学

续表 4

姓名	性别	出生年份	毕业院校	职称	工作单位
王为民	男	1966	南方冶金学院	高级工程师	河南省国资委
杨宏伟	男	1966	郑州工学院	副教授	焦作市高级技工学校
崔红玲	女	1968	郑州大学医学院	副主任医师	焦作市第一人民医院
王　丹	女	1970	中山大学	高级会计师	广州汽车集团股份有限公司
王革线	男	1971	河南大学	中学高级教师	招贤乡中心学校
杨玉金	男	1972	河南农业大学	高级工程师	河南省林业厅林业工作站
徐　天	女	1972	黄河科技大学	高级会计师	郑州市水利建筑工程局
董佩霞	女	1972	沁阳师范学校	中学高级教师	温县教育局
王春香	女	1972	沁阳师范学校	中学高级教师	温泉镇第二中学
王晓霞	女	1972	焦作教育学院	中学高级教师	温县实验中学
王建宏	男	1973	北京轻工学院	高级工程师	焦作百利联化工有限公司
赵小利	女	1972	河南教育学院	中学高级教师	安乐寨村小学
王贵山	男	1972	河南大学	中学高级教师	招贤乡中学
王伟华	女	1972	中央广播电视大学	中学高级教师	招贤乡中学

大事纪略

安乐寨村得黄河、清风岭之地脉，拥有2000年历史连绵至今，其中既有三国时期司马懿建安乐宫、司马昭建晋城的辉煌，也有西晋时期成为温县治所的荣耀，以及部分遗迹明代入选“苏封八景”的振兴，更有中华人民共和国成立后创办温县卷闸厂、开办兄弟书屋的再度辉煌。一段段的历史，有喜也有悲，共同组成安乐寨村赓续不断的一座座里程碑。

◉ 三国时期司马懿建安乐宫

曹魏青龙三年（235），司马懿累迁太尉，领王爵。司马懿开始在故乡大兴土木，修建“安乐宫”，供其家人居住。

曹魏咸熙元年（264），司马懿次子司马昭被封为晋王。司马昭以“安乐宫”为中心修筑王城，称晋城。

◉ 三国末年司马炎称帝建晋朝

魏咸熙二年（265）八月初九日，司马懿次子司马昭去世。司马昭之子司马炎继任相国、晋王之位。

是年十一月十二日，司马炎废曹魏，建立晋朝（史称西晋），都洛阳。从此，中国历史进入司马氏为帝的西晋、东晋时期。

◉ 晋代成为温县治所

司马炎建立晋朝后，其故乡温县晋城一带成为“龙兴之地”，受到广泛关注。于是，温县官员为沐浴王气，把治所迁至晋城。晋城成为温县的政治、经济、文化中心。

西晋之后，温县一带虽多次遭受战乱，但治所一直在晋城。直到东魏时期，温县治所迁往他处。

◉ 明代山西移民定居安乐寨

元末，因战乱不断，安乐宫一带人烟稀少，田地荒芜。

明初，明太祖朱元璋下令山西向河北、山东、河南等地移民。王姓、杨姓等姓氏从山西洪洞县出发，迁往河南。最后王姓在温县黄河岸边的坨坞村、杨姓在小营村定居，明末杨姓迁至安乐寨村。清顺治元年（1644），黄河发生水灾，北塌10余千米，一带村庄尽没。王姓先迁入辛庄，后迁至安乐寨。使安乐寨村当地人丁兴旺，得到发展。

◉ 明代入选“苏封八景”

魏晋时期，司马氏的崛起、称帝，成为中国历史的大事。司马氏故里的晋城（安乐寨村所在地），以及与司马氏有关的地方随之受到各方关注，成为温县的名胜。

明代，作为温县（又称苏封）著名的景点，司马氏所修建的晋城被称为“司马故城”，司马氏曾经居住的子城被称为“子城夜月”，司马懿宴请家乡父老的虢公台被称为“虢仲高台”，并入选“苏封八景”（分别是子城夜月、平皋夜雨、宣冢夕阳 、司马故城、郭熙墨迹 、陈氏文堂、锄麑古墓、虢仲高台），八景之中与司马氏有关的占有其三，并在明万历年五年编修的《温县志》中有记载。

清代，“苏封八景”为农涧烟树、平皋夜雨、锄槐暮鸦、金鸡司钥、连珠献瑞、子城秋月、宣冢夕阳、晋城晓望。其中的子城秋月、晋城晓望与司马氏家族有关，并在清乾隆年间所编修的《温县志》中有记载。

◉ 1985 年创建温县卷闸厂

1985 年，安乐寨村籍的杨树仁在西安市卷闸厂工作，积极倡导安乐寨村创办卷闸厂，安乐寨村委会便投资 40 万元创建温县卷闸厂（安乐寨）。1990 年，由手动卷闸改电动卷闸；由普通卷闸升级到防火卷闸；由铝合金卷闸发展到钢质卷闸。由原来 100 多员工增至近 300 员工，其员工也由安乐寨村民扩充到周边村民。由于产品新、质量好，适应市场需求，供不应求，产品畅销河南、山西、山东、河北、北京、湖北、陕西、内蒙、甘肃、广东等 10 多个省市。年产值达 500 余万元，实现利税近 200 万元。不仅增加了集体和农户经济收入，更重要的是为全村培养一大批专业技术人才，为日后村民就业及发展个体经济奠定坚实基础。

◉ 2008 年开办兄弟书屋

2007 年 7 月，中共十五届中央委员、国务院发展研究中心主任、经济学家王梦奎，中国工程院院士、隧道及地下工程专家王梦恕，焦作大学教授王梦周三兄弟在安乐寨村东大街旧居创建兄弟书屋。2008 年 4 月 5 日，举行揭牌仪式。兄弟书屋开馆以来，共收到社会各界捐赠款项 387550 元、书籍 18364 册、大小物品 95 件；村委会为兄弟书屋总投资 10 余万元，包括捐赠物品、房屋修缮、书屋人员误工补贴及开支。其中，王梦奎先后 3 次为书屋捐赠书籍 1000 册，王梦恕为书屋捐赠书籍 500 册，王梦周为书屋捐赠书籍 800 册。兄弟书屋已成为安乐寨一个文化亮点。

安乐寨村高产小麦田（2020 年）　　武卫峰　摄

附录

◉ 文献辑录

安乐寨村《村民道德行为规范条例（草案）》

2009年9月13日村民代表大会通过

为在全村更加深入地开展“八荣八耻”教育，弘扬中华民族传统美德，掀起学习感动中国，感动中原先进人物高潮，在全村树起“至真、至善、至爱、至孝、促团结、求和谐”的良好社会风气，规范村民道德行为，加快我村的社会主义新农村建设，经村民代表会议、党员大会讨论决定，在全村范围内开展村民道德行为规范工作，制订下列工作条例。

村民道德行为准则

一、遵规守纪，对国家法律、法规、政策和集体制订的各项制度带头执行，无违规、违法或违反集体规章制度行为。

二、热爱集体，关心集体的各项事业。对村集体工作经常提出科学性、前瞻性的意见或建议；积极参加村集体的各种活动，以实际行为支持集体各项工作。

三、关心、支持集体的各项公益性事业。如村街整修、卫生治理、安全饮水、疾病防控、农田改造、文化教育、交通通信、电力供应、防灾救灾等积极参与，尽心尽力。

四、以“大孝至爱”道德楷模谢延信为榜样，敬老孝老，积极主动承担起赡养老人的法定义务，做到以下几点。

1. 对长辈言语和气，行动尊敬。严禁话难听、脸难看，冷言恶语，慢待无礼。

2. 兄弟姐妹妯娌争献爱心，比尽孝道，不斤斤计较，不争短论长。

3. 对高龄病残老人，须精心侍奉。做到静有人守，动有人陪，居室卫生，衣被整洁，饭菜可口，冷暖相宜。

五、团结街坊，善待乡邻。做到明是非，识大体，顾大局，礼相让，难互帮，相互理解，友好相处，不寻衅滋事、无吵打骂街之行为。

六、尊老爱幼，家庭和睦。兄弟姐妹妯娌互帮互扶，长辈对后代教育有方。

七、不酗酒、不赌博、不吸毒，不参与封建迷信及邪教活动，不参与违规上访、信访，无其他不良行为。

八、学科技、学文化，积极参加健康文明的文体活动。

道德行为模范和后进典型评选方法和时间

实行“4+2”工作法，依据上述准则，充分发扬民主，本着公开、公正、公平的原则，在全村范围内评出先进模范和后进典型。

1. 评选程序。

村民可直接向村委会提名，村委会在充分调查和征求各方意见后，交由村民代表会议、党员大会票决。

2. 评选时间。

每半年进行一次初评，年终进行总评。

奖励惩戒

奖励

1. 对评出的模范家庭或先进个人，村集体将大张旗鼓地宣传其典型事迹。事迹特别突出的将立案存档，载入村志，永久纪念。

2. 年终村集体给以荣誉表彰和物质奖励。

3. 申请上级有关部门给予表彰或奖励，有关新闻媒体予以宣传报道。

惩戒

对评出的后进典型，村集体本着团结帮助的精神对其进行转化教育。经教育仍无重大悔改表现者，给予下列惩戒。

1. 村集体对其家庭及所有成员不提供任何服务（如宅基地批划调整、纠纷调解、红白理事、出示证明、签章担保等等）。

2. 停止对其家庭的集体补助（如农业、计生指标及服务、新农合、新农保、有线电视、饮水等等）。属子女后辈不孝的，全家所有集体补贴将直接发放给老人。

3. 对村集体依法依规开展的集体活动和公益性事业干扰阻挠或拒不承担应尽的责任和义务，将对其做法予以公示，由全村群众评议、监督。

4. 凡评为后进典型的党员，将依照有关法规给予党纪处分；在安乐寨村常住的公职人员被评为后进典型的，将把评定结果交其单位或有关部门，建议给予处分。

5. 情节后果触及刑律者，交司法机关依法惩处。

6. 经批评、惩戒教育后彻底悔改者，通过村民代表会议、党员大会票决，可取消上述惩戒。

7. 对上年度评为模范先进后又违反上述准则者，通过村民代表会议、党员大会票决可取消其荣誉或奖励。

招贤乡安乐寨村村规民约

2018 年 6 月 1 日村民代表大会通过

家风正则家旺，村风正则村兴。为凝聚民心，增强村民的法治观念，搞好我村社会综合治理和精神文明建设，加快推进我村的经济社会发展和美丽乡村建设，实施好“生产发展，生活宽裕，乡风文明，村容整洁，管理民主”的“乡村振兴战略”，根据《中华人民共和国宪法》《村民委会组织法》，由党支部提议，村“两委会”商议，党员大会审议并经村民代表会议于二〇一八年六月一日决议通过，制定安乐寨村村规民约，全体村民均应自觉遵守。

第一条，全村村民务必学法、知法、守法，爱党、爱国、爱集体、爱家庭，争做模范村民。

第二条，全体党员务必遵守党章、党规、党纪，坚定理想信念；不忘初心、牢记使命；识大体，顾大局，发挥先锋模范作用，争做优秀共产党员。

第三条，党支部、村委会务必严格遵守重大事项“四议两公开”民主决策制度；村组“三资”管理必须公开、公正，接受村监委会、全体村民的监督和上级纪委的审查。

第四条，村监委会务必依法依规行使监督权利，对村组“三资”管理中的违规违纪行为坚决抵制和斗争。

第五条，村民建房必须依照《乡村建设规划》相关法规并报请有关部门审批，严禁擅自超标乱建。

第六条，严格遵守防灾减灾相关法律法规，增强安全意识。安全生产，安全用电，安全用气，节约用水，家家防盗，人人防火。

第七条，树立社会主义新风尚，践行社会主义核心价值观。做到尊老爱幼，孝敬老人，和睦邻里，扶贫助残，争当文明村民。

第八条，要崇尚科学，反对封建迷信，抵制邪教，和各类宗族黑恶势力做坚决斗争。

第九条，遵守社会公德，提倡健康生活。爱花木，爱道路，爱护公共设施；讲究环境及个人卫生，不乱倒垃圾，不乱排污水，不乱扔杂物，不私拉乱接电线，自觉抵制扰害村民生产生活和损害村容村貌的各类不文明行为。

第十条，革除旧习，倡导新风。婚丧嫁娶简办，严禁铺张浪费。严禁酒后开车，赌博吸毒，不拉帮结派，不搞非法活动。

第十一条，讲文明，讲礼貌。不讲粗话、脏话，不酗酒斗殴，禁止各类文艺演出中的粗俗淫秽乱象，积极向有关部门检举揭发黄、毒、赌等丑恶行为。

第十二条，村委每年对 80 岁以上老人实行生活补贴，每人每年 100 元。村委每年对村民用水及清理卫生实行免费，每年人均 22 元。村委每年对村民合作医疗实行补贴，每人每年补 10 元。村委每年对村民电视费实行补贴，每户年补 20 元。村委每年对考上温县一中学生，一次性补贴 500 元；对考上一本、二本学生，一次补贴 1000 元；对考上北大、清华学生，一次性补贴 5000 元。

第十三条，村委每年开展一次评选文明家庭及好媳妇活动。

安乐寨村村规民约自公布之日起生效。

◉ 艺文

安乐寨村人著作一览表

表 5

作者	著述名称	年代	收藏情况
杨碾	一得录	清代	新乡市图书馆
杨医亚	临床各科综合治疗	现代	新乡市图书馆
	新编伤寒论		
	近世针灸医学全书		
	杨医亚针灸学		
王文轩	中国历代水利名人传略	现代	新乡市图书馆
王梦奎	我国社会主义建设道路的探索	现代	兄弟书屋
	论厂长负责制		
	社会主义初级阶段的经济		
	通货膨胀的成因和对策		
	世纪之交的中国经济		
	翠微居杂笔		
	在经济转折中		

续表 5

作者	著述名称	年代	收藏情况
王梦恕	探秘铁路	现代	兄弟书屋
	中国隧道及地下修建技术		
	大瑶山隧道		
	隧道与地下工程技术及其发展		
杨家卿	司马懿与司马故里	现代	河南省图书馆
	学步小札		
	党建研究十题		
	群众路线纵横谈		

◉ 主要参考文献

温县志编纂委员会编:《温县志》，光明日报出版社，1991 年。

焦作市地方史志编纂委员会编:《焦作市志》，红旗出版社，1993 年。

焦作市地方史志编纂委员会编:《焦作市志》(1987—2000)，中州古籍出版社，2005 年。

焦作市地方史志编纂委员会、沁阳市地方史志编纂委员会编:《怀庆府志》(乾隆五十四年)点校本，2005 年。

温县地方史志编纂委员会编:《温县志》(1986—2000)，中州古籍出版社，2014 年。

温县史志办公室整理：明万历五年、清乾隆十一年、清乾隆二十四年、民国 22 年《温县志》(合订本)，2016 年。

◉ 编后记

根据中国地方志工作办公室《关于启动〈中国名村志丛书〉编纂工程的通知》和《中国名村志文化工程实施方案》的有关要求，原焦作市地方史志办公室（现焦作市委党史和地方史志研究室）一直致力于开发利用地方志文化资源，传承乡土历史文化，保存乡土文化记忆，发挥地方志教化、资政、存史功能，服务经济社会高质量发展。于2020年3月在开展工作调研时，发现了已编修10年的《安乐寨村志》。

安乐寨村为三国时期著名政治家、军事家司马懿故里，历史悠久，文化积淀深厚，物产丰富，景色优美，值得宣传推广的人物、事件、遗迹、风光等很多。2007年，安乐寨村党支部、村委会开始酝酿、筹划，决定编写《安乐寨村志》，并作专题研究和全面部署。2009年3月，村志编纂委员会正式成立，工作正式启动。经过10年的努力，2020年完成《安乐寨村志》书稿，为《安乐寨村志》入选中国名村志文化工程奠定了良好基础。

由此，决定启动《中国名村志丛书·安乐寨村志》编纂工作。随即成立了安乐寨村志编纂委员会，选拔编纂人才，组建编纂团队，全体编纂人员建立了微信群，以便于交流和联系，根据不同类目进行明确分工，并对《中国名村志丛书·安乐寨村志》的基本篇目进行了充分研讨，确定了类目、分目、条目三级篇目。其间，河南省委党史和地方史志研究室第六研究处处长赵文会、主任科员徐德森对志书进行精心指导和多次审阅，为保证志书质量起到了至关重要的作用。志书也得到中国地方志工作办公室的大力支持，两次组织专家评审、论证、修改《中国名村志丛书·安乐寨村志》篇目，并组织名村志丛书编纂委员会进行了评审。

在编纂过程中，编者始终以突出安乐寨村的“名”与“特”为编纂原则，翻阅大量历史资料，实地采访，入户调查，访老问贤，广泛搜集各方面材料，本着如实客观的原则，逐一查证，反复核实，去伪存真，力求展现安乐寨村最真实的历史和现状。

初稿创作完成，编纂成员集思广益，分工合作，综合成文，几经斟酌，反复修改。经安乐寨村“三委”、招贤乡党委政府审阅，逐级呈报温县初审、焦作市复审、河南省审查验收，严格按评专家意见修订、完善。经过近一年的努力，最终定稿。

该书得到了焦作市中医局原局长何银堂，温县县委常委、常务副县长王斌，温县县委常委、县委办公室主任董岩，温县人民政府副县长王欢欢，温县政协副主席严双军，温县政协社会法制委主任黄小全，以及提供摄影图片的徐红星、周双林、王曙光、武卫锋等社会各界人士的大力支持，在此一并表示衷心、诚挚的谢意！

编写村志是一项工作复杂，涉及面广的浩繁工程。我们虽然付出艰辛努力，广泛收集资料，潜心编纂，数易其稿，认真核对史实、数据，不断提升编校质量，终因史料时代跨度大而遗存寥寥，个别类目资料收集困难，加之总纂时间比较仓促，编纂水平迟于方志编纂工作的迅速发展，错讹疏漏难免。敬请社会各界和专家学者批评指正。

编　者

2024 年 1 月

中国名村志丛书

《中洪村志》
《仁里村志》
《青林寺村志》
《魁胆村志》
《黄里村志》
《李家疃村志》
《扬美村志》
《马头溪村志》
《大京村志》
《凌庄子村志》
《古现东村志》
《上岳村志》
《双街村志》
《开弦弓村志》
《乔李村志》
《庙宫村志》
《梁堡村志》
《陶家夼社区志》
《八岔村志》
《高碑店村志》
《陈呰村志》
《东岭村志》
《獐岛村志》
《防川村志》
《王兰庄村志》
《兰英村志》
《麻扎村志》
《堆谷山村志》
《韦小庄村志》
《城畈村（社区）志》
《石塘村志》
《隆里所村志》
《黄瓜山村志》
《三山村志》
《杨湾村志》
《陆巷村志》
《荷花村志》
《新生村志》
《石牌村志》
《尧治河村志》
《党家村志》
《东龙村志》
《官渡社区志》
《九保村志》
《焦庄户村志》
《肇兴村志》

《江东村志》
《宝坪村志》
《沙滩村志》
《鹏城社区志》
《塘尾村志》
《牡丹村志》
《北山社区志》
《万家村志》
《樵岭前村志》
《新城村志》
《井塘村志》
《花园河村志》
《白雾村志》
《花茂村志》
《水峪村志》
《南社村志》
《北峝山村志》
《德夯村志》
《长城村志》
《莲麻坑村志》
《电站村志》
《外三道沟村志》
《双凤村志》
《阳山村志》
《东方村志》
《安乐寨村志》